Gourmandises en série

Verrines

Verrines salées

AVOCAT AU SURIMI À L'ANTILLAISE

Préparation : 10 min • **Cuisson :** 1 min • **Pour 4 à 6 personnes**

1 citron vert • 1 gousse d'ail • 4 gros avocats bien mûrs
1 petit piment vert • 250 g de surimi • sel

- Prélevez le zeste du citron vert. Pressez-en le jus.

- Épluchez l'ail et épépinez le piment.

- Pelez et dénoyautez les avocats, mixez-les avec la gousse d'ail, le piment et le jus du citron vert. Salez.

- Ébouillantez le zeste de citron vert pendant 1 min et découpez-le en lanières fines.

- Hachez le surimi.

- Mélangez le tout avec la purée d'avocat et répartissez la préparation dans des petits ramequins.

- Servez frais.

COMPOTÉE DE POIVRONS ET DE TOMATES À L'AIGRE-DOUX

Préparation : 20 min • **Cuisson :** 4 min • **Pour 4 personnes**

4 tomates • 1 c. à c. de sucre en poudre • 2 c. à s. d'huile d'olive
1 poivron jaune • 4 cornichons • 8 oignons grelots
au vinaigre • 2 tranches de pain de campagne
10 brins de ciboulette • sel et poivre

- Pelez et épépinez les tomates après les avoir ébouillantées pendant 30 s. Coupez-les en petits dés.

- Versez-les dans un saladier ; ajoutez le sucre, l'huile, du sel et du poivre et mélangez la préparation.

- Taillez le poivron en petites lanières et les cornichons en bâtonnets. Coupez les oignons grelots en 4.

- Disposez les ingrédients de façon harmonieuse dans 4 coupelles. Réservez au frais.

- Ôtez la croûte du pain et découpez la mie en dés. Faites-les dorer pendant quelques minutes à la poêle avec 1 c. à s. d'huile d'olive.

- Au moment de servir, ajoutez les croûtons et la ciboulette ciselée.

COMPOTÉE DE RATATOUILLE

Préparation : 25 min • **Cuisson :** 30 min • **Pour 6 personnes**

2 aubergines • 2 oignons • 2 branches de céleri • 3 poivrons rouges
3 tomates • 3 c. à s. d'huile d'olive • 1 c. à s. de concentré de tomate
10 cl de vin blanc • 20 olives vertes hachées • sel, poivre
50 g de câpres • 4 c. à s. de vinaigre • 50 g de pignons

- Lavez et essuyez les aubergines, coupez le pédoncule, taillez-les en très petits dés (de 5 à 6 mm de côté). Pelez les oignons, détaillez-les également en petits dés. Effilez et tronçonnez finement le céleri. Lavez et essuyez les poivrons rouges, évidez-les en retirant les graines et les côtes, puis taillez la chair en petits dés, comme pour les aubergines. Pelez et épépinez les tomates, puis concassez-les en petits dés très réguliers.

- Faites chauffer l'huile d'olive dans une grande poêle. Ajoutez les légumes, sauf les tomates, et faites-les étuver pendant 20 min.

- Incorporez les dés de tomate, le concentré de tomate, le vin blanc et les olives vertes. Faites cuire à feu vif pendant 10 min environ en remuant à intervalles réguliers avec une cuillère en bois pour assurer une cuisson uniforme. Salez, poivrez, ajoutez les câpres, le vinaigre et les pignons. Goûtez et rectifiez l'assaisonnement.

- Versez la caponata dans un légumier et laissez-la refroidir complètement.

- Couvrez le légumier d'un film alimentaire, et laissez-le au réfrigérateur de 4 à 5 h. Sortez la caponata du réfrigérateur 30 min avant de servir.

CRÈME DE CHOU-FLEUR

Préparation : 10 min • **Cuisson :** 20 min • **Pour 4 personnes**

600 g de chou-fleur • 1 oignon • 2 poireaux • 1 c. à s. d'huile
50 cl de bouillon de légumes • 1 pincée de noix muscade
70 g de copeaux de parmesan • sel, poivre

- Séparez le chou-fleur en bouquets et prélevez 4 feuilles. Faites-les cuire à la vapeur et réservez-les.

- Épluchez et émincez l'oignon. Lavez et émincez les poireaux. Faites chauffer l'huile dans une casserole et faites-y revenir doucement l'oignon, le chou-fleur et les poireaux pendant 5 min, jusqu'à ce qu'ils soient dorés.

- Ajoutez le bouillon de légumes et la noix muscade, et portez à ébullition. Baissez le feu et laissez mijoter pendant 15 min, jusqu'à ce que le chou-fleur soit tendre.

- Passez au mixeur pour réduire le tout en une purée lisse. Assaisonnez et versez dans des bols.

- Décorez avec quelques copeaux de parmesan et une feuille de chou-fleur.

CRÈME DE FÈVES ET DE CHOUX, MINIBROCHETTES

Préparation : 15 min • **Cuisson :** 20 min • **Pour 4 personnes**

250 g de choux de Bruxelles • 50 cl de bouillon de volaille
150 g de fèves • 1/2 oignon • 250 g de blancs de poulet • 1 gousse d'ail
1 c. à s. de sauce de soja • 1 c. à c. de curcuma • huile • sel et poivre

- Lavez les choux de Bruxelles et enlevez les premières feuilles si elles sont abîmées.

- Plongez-les dans le bouillon chaud avec les fèves et l'oignon émincé et faites cuire pendant 20 min.

- Pendant ce temps, coupez le poulet en cubes et hachez la gousse d'ail. Faites-les dorer dans une poêle avec un peu d'huile, ajoutez la sauce de soja et le curcuma.

- Récupérez les légumes avec une passoire et mixez-les jusqu'à obtention d'une préparation onctueuse. Allongez avec de l'eau de cuisson. Salez et poivrez.

- Répartissez le velouté dans de petits bols, disposez les cubes de poulet sur des minibrochettes et servez immédiatement.

DUO DE SARDINES ET D'AVOCATS

Préparation : 15 min • **Repos :** 1 h • **Pour 4 personnes**

*6 grosses sardines fraîches • 1 échalote • 10 brins de ciboulette
le jus d'1 citron jaune • 6 c. à s. d'huile d'olive • 2 avocats bien mûrs
le jus d'1/2 citron vert • 1 c. à c. de Tabasco • sel et poivre*

- Lavez les sardines. Incisez-les sur toute la longueur de la face ventrale pour les vider et enlevez l'arête centrale. Rincez-les et dégagez les filets avec un couteau très fin. Coupez-les en petits dés.

- Épluchez l'échalote et hachez-la.

- Lavez la ciboulette, essuyez-la. Réservez-en quelques brins et ciselez le reste.

- Mettez-les dés de sardine dans un petit saladier avec du sel et du poivre, l'échalote, la ciboulette, le jus de citron jaune et 4 c. à s. d'huile d'olive. Mélangez bien, couvrez d'un film alimentaire et conservez au frais pendant au moins 1 h.

- Pelez les avocats. Écrasez-les à la fourchette dans un bol avec le jus du ½ citron vert. Ajoutez le Tabasco, salez et incorporez 2 c. à s. d'huile d'olive. Mettez au frais.

- Au moment de servir, mettez une couche d'écrasé d'avocats dans des verrines, recouvrez avec une couche de sardines égouttées et décorez de brins de ciboulette.

- Servez très frais avec des tranches de baguettes grillées.

FENOUIL AU PAMPLEMOUSSE

Préparation : 20 min • **Cuisson :** aucune • **Pour 4 personnes**

2 bulbes de fenouil assez gros • 1 oignon rouge • 3 pamplemousses roses
1 brin de romarin • le jus d'1 petit citron • 1 c. à s. de miel liquide
4 c. à s. d'huile d'olive • quelques brins de coriandre • sel et poivre

- Préparez le fenouil : gardez la partie verte, retirez les feuilles dures et épaisses et coupez en dés la partie tendre et le cœur.

- Épluchez l'oignon, coupez-le en fines rondelles puis recoupez celles-ci en 4.

- Pelez les pamplemousses à vif avec un couteau (il ne doit pas rester de membranes blanches), puis détachez les quartiers et recoupez-les en 4.

- Déposez ces morceaux de pamplemousse dans un saladier, avec l'oignon, le fenouil et des feuilles de romarin.

- Mélangez le jus de citron avec le miel, du sel et du poivre, puis ajoutez l'huile d'olive, goutte à goutte, en remuant bien.

- Arrosez les fruits et les légumes avec cette sauce, mélangez-les et mettez-les au réfrigérateur pour 1 h après avoir recouvert le saladier de film alimentaire.

- Juste avant de servir la salade, parsemez-la de coriandre et de vert de fenouil ciselés.

FÈVES AU CHORIZO

Préparation : 10 min • **Cuisson :** 15 min • **Pour 4 personnes**

450 g de fèves surgelées • 100 g de lardons • 1 oignon
1/2 chorizo coupé en tranches • 1 gousse d'ail • 5 cl d'eau
1 feuille de laurier sauce • sel, poivre

- Faites décongeler les fèves selon les indications précisées sur l'emballage puis égouttez-les.

- Dans une sauteuse, faites revenir les lardons et l'oignon émincé, sans ajout de matière grasse. Puis ajoutez le chorizo et la gousse d'ail hachée.

- Ajoutez 5 cl d'eau, les fèves et la feuille de laurier. Salez légèrement et laissez mijoter environ 10 min.

- Poivrez et salez. Servez chaud en verrines.

GASPACHO DE TOMATES ET DE POIVRONS À LA FETA

Préparation: 15 min • **Cuisson:** 15 min • **Pour 4 personnes**

1 poivron • 3 tomates • 1 tranche de pain de mie
2 c. à s. d'huile d'olive • 1 c. à s. de vinaigre balsamique
100 g de feta • sel et poivre

- Lavez le poivron et faites-le dorer sous le gril du four de 10 à 15 min. Laissez-le refroidir dans un sac en plastique et pelez-le.

- Coupez les tomates en quartiers. Mixez-les finement avec la tranche de pain de mie. Ajoutez le poivron, l'huile et le vinaigre. Salez et poivrez. Mixez finement de nouveau.

- Servez frais avec des cubes de feta.

HARIRA

Préparation : 15 min • **Cuisson :** 30 min • **Pour 6 personnes**

*150 g d'épaule d'agneau • 1 oignon • 2 c. à s. d'huile d'olive
50 g de lentilles • 100 g de pois chiches en boîte
50 g de riz • 1 boîte de 400 g de tomates pelées et concassées
½ c. à s. de cumin en poudre • ½ c. à s. de coriandre en poudre
½ bouquet de coriandre fraîche • sel et poivre*

- Coupez la viande en petits cubes. Pelez et émincez finement l'oignon. Faites dorer l'oignon et la viande dans une marmite avec l'huile. Salez et poivrez.

- Ajoutez tous les ingrédients sauf la coriandre fraîche. Versez 40 cl d'eau et portez à ébullition. Baissez le feu et laissez mijoter à couvert pendant 30 min.

- Rectifiez l'assaisonnement. Parsemez de coriandre fraîche ciselée et servez chaud.

LASSI AUX PETITS POIS

Préparation : 10 min • **Cuisson :** 10 min • **Pour 4 personnes**

200 g de petits pois frais • 20 cl de yaourt froid
20 feuilles de menthe fraîche + 4 pour décorer • 1 c. à c. de sel
1 c. à c. de graines de cumin

- Faites cuire les petits pois dans de l'eau bouillante pendant 5 min. Passez-les ensuite au tamis de façon à obtenir une purée. Laissez refroidir.

- Versez 20 cl d'eau très froide, le yaourt, la purée de petits pois et la menthe finement hachée dans le bol d'un mixeur et mixez jusqu'à obtention d'un mélange homogène.

- Versez le lassi dans des verres et décorez avec les graines de cumin et les feuilles de menthe restantes.

LASSI DE CAROTTE ET D'ORANGE

Préparation : 5 min • **Cuisson :** aucune • **Pour 8 verres**

*10 cubes de glace • 1 l de jus de carotte
le jus de 4 oranges • 1 c. à c. de poudre de gingembre
2 yaourts nature de type velouté*

- Mettez les cubes de glace dans le bol d'un robot mixeur et actionnez durant 3 secondes afin d'obtenir de la glace pilée.

- Ajoutez ensuite dans ce bol le jus de carottes, le jus des oranges, la poudre de gingembre et les yaourts.

- Mixez jusqu'à une consistance mousseuse et servez immédiatement dans de grands verres décorés de brochettes de dés de fruits et de légumes.

MILK-SHAKE VERT DE PRINTEMPS

Préparation : 8 min • **Cuisson :** aucune • **Pour 4 personnes**

1 concombre • 1 citron vert • ½ avocat • 2 yaourts brassés nature
1 poignée de roquette • 1 bouquet de menthe • 1 gousse d'ail
1 c. à s. d'huile d'olive • sel

- Lavez le concombre, essuyez-le puis prélevez 4 lanières dans la longueur à l'aide d'un éplucheur-légumes pour la décoration. Coupez le reste en rondelles et saupoudrez celles-ci d'1 c. à c. de sel. Laissez dégorger pendant 30 min.

- Pelez le citron vert à vif, enlevez les peaux blanches et coupez la pulpe en tous petits dés.

- Pelez l'avocat, détaillez-le également en petits dés et mélangez-le au citron.

- Égouttez le concombre et mixez-le avec les yaourts, la roquette lavée et essorée, une poignée de feuilles de menthe et l'ail épluché et haché. Réservez le milk-shake au réfrigérateur.

- Appliquez les lanières réservées de concombre en spirale sur la paroi intérieure de 4 verres.

- Remplissez les verres de milk-shake très froid et répartissez l'avocat au citron par-dessus. Décorez d'une feuille de roquette et d'un filet d'huile d'olive.

Astuce : les concombres dégorgés au sel sont plus digestes et gagnent en saveur.

MOUSSE DE FÈVES AU GINGEMBRE

Préparation : 10 min • **Cuisson :** 20 min • **Pour 4 personnes**

20 cl de crème liquide légère • 300 g de fèves pelées
1 l de bouillon de volaille • 1 bouquet garni
1 petit morceau de gingembre • sel et poivre

- Placez au réfrigérateur la crème et les ustensiles nécessaire à la chantilly (bol et fouet) pour au moins 30 min.

- Faites cuire les fèves dans le bouillon de volaille avec le bouquet garni pendant 20 min.

- Râpez le gingembre.

- Égouttez les fèves, réservez-en une dizaine pour la décoration et mixez le reste avec le gingembre en ajoutant un peu de bouillon de cuisson jusqu'à obtenir une purée pas trop compacte. Salez et poivrez. Laissez refroidir.

- Montez en chantilly la crème additionnée d'1 pincée de sel et d'1 pincée de gingembre.

- Incorporez-en délicatement les 2/3 à la purée de fèves.

- Versez la préparation dans des verres. Ajoutez le restant de crème et décorez avec les fèves réservées et 1 pincée de gingembre.

MOUSSE DE POIS CASSÉS AU JAMBON CROUSTILLANT

Préparation : 10 min • **Cuisson :** 2 h • **Pour 4 personnes**

125 g de crème fleurette • 300 g de pois cassés • 1 bouquet garni
1 oignon • 2 tranches de jambon cru • 1 c. à s. d'huile d'olive • sel

- Placez la crème fleurette au réfrigérateur avec le bol du batteur.

- Mettez les pois cassés dans une casserole avec le bouquet garni et l'oignon épluché. Couvrez d'eau, portez à ébullition, salez et laissez cuire doucement pendant 2 h. Rajoutez de l'eau en cours de cuisson si nécessaire.

- Égouttez les ingrédients, retirez le bouquet garni puis mixez finement. Laissez refroidir au réfrigérateur.

- Montez la crème fleurette en chantilly et incorporez-la à la purée de pois. Répartissez la préparation dans des verres ou des coupes.

- Découpez des lanières dans les tranches de jambon et faites-les griller doucement dans une poêle antiadhésive, avec l'huile, jusqu'à ce qu'elles soient croustillantes.

- Au moment de servir, répartissez les lanières de jambon grillées dans les verres.

PESTO DE TOMATE SÉCHÉE

Préparation : 5 min • **Cuisson :** aucune • **Pour 6 personnes**

2 gousses d'ail • 4 brins de basilic • 200 g de tomates séchées
50 g de pignons de pin • 50 g de parmesan râpé • 10 cl d'huile

- Épluchez l'ail. Lavez le basilic puis essuyez-le avec du papier absorbant.

- Versez les tomates séchées, les pignons de pin, l'ail, le basilic et le parmesan dans le bol d'un mixeur. Mixez jusqu'à obtention d'une crème homogène, en incorporant l'huile petit à petit.

- Servez avec des morceaux de pain ou de pain de mie grillé.

POIVRONADE

Préparation : 20 min • **Cuisson :** 15 min • **Pour 4 personnes**

4 poivrons rouges • 2 oignons • 5 c. à s. d'huile d'olive
8 feuilles de basilic • un peu de chapelure • cumin • sel

- Sous le gril du four, faites chauffer les poivrons jusqu'à ce que leur peau noircisse et se détache (retournez-les régulièrement). Placez-les dans un sac en plastique bien fermé pour 15 min, puis épluchez-les, ôtez-leur les pépins et coupez-les en morceaux.

- Épluchez les oignons et émincez-les. Faites-les revenir à la poêle dans 3 c. à s. d'huile d'olive.

- Dans un saladier, mélangez les poivrons, les oignons, le basilic ciselé, 2 c. à s. d'huile d'olive, un peu de chapelure, 1 pincée de cumin et un peu de sel.

- Versez la préparation dans le bol d'un mixeur et mixez-la jusqu'à ce qu'elle soit fondante.

- Servez la poivronade avec des bâtonnets de crudités.

POTAGE DE LÉGUMES VERTS

Préparation : 20 min • **Cuisson :** 20 min • **Pour 4 personnes**

400 g de courgettes surgelées • 200 g de fèves surgelées
200 g de haricots verts surgelés • 2 gousses d'ail • 1 botte de persil
2 c. à s. d'huile d'olive • 1 c. à s. de Maïzena • sel et poivre

- Faites bouillir 50 cl d'eau dans une casserole. Plongez-y les légumes encore surgelés, salez, poivrez, et laissez cuire pendant 15 min.

- Épluchez les gousses d'ail. Lavez le persil.

- Ajoutez hors du feu l'huile dolive et le persil et passez le mélange au mixeur. Ajoutez la Maïzena pour faire épaissir le tout et remettez sur feu doux pour 5 min en remuant sans cesse.

- Servez le velouté aussitôt.

POTAGE GLACÉ AU CONCOMBRE

Préparation : 15 min • **Cuisson :** aucune • **Pour 4 personnes**

*3 concombres • 2 oignons blancs nouveaux
1 bouquet de coriandre • 2 tomates • le jus d'1 citron
1 l d'eau minérale • 1 pincée de paprika • sel, poivre
8 crevettes roses cuites • 1 bouquet de menthe fraîche*

- Pelez et épépinez les concombres. Détaillez quelques dés de concombre et réservez-les.

- Pelez les oignons et coupez-les grossièrement. Passez la chair de concombre et les oignons au mixeur.

- Quand le mélange est homogène et finement broyé, versez-le dans un saladier.

- Lavez la coriandre et détachez les plus belles feuilles.

- Mondez les tomates, épépinez-les et découpez-les en minuscules dés.

- Ajoutez la coriandre, les dés de tomate, le jus de citron et l'eau minérale dans le saladier. Mélangez. Saupoudrez du paprika, salez, poivrez et laissez au réfrigérateur pendant 2 h au moins.

- Servez le potage dans des assiettes creuses, en ajoutant 2 crevettes, quelques cubes de concombre et un brin de menthe.

RILLETTES DE TRUITE FUMÉE

Préparation : 15 min • **Cuisson :** aucune • **Pour 6 personnes**

1 gousse d'ail • 400 g de filets de truite fumée • le jus d'1 ½ citron
100 g de beurre amolli • 3 brins de persil plat • 2 c. à c. de paprika
75 g de fromage blanc • sel et poivre

- Épluchez l'ail et retirez le germe.

- Mettez dans le bol d'un mixeur les filets de truite coupés en morceaux, l'ail, le jus de citron, le beurre, le persil, 1 c. à c. de paprika. Mixez.

- Placez la préparation dans un saladier. Ajoutez le fromage blanc, salez, poivrez, et mélangez à l'aide d'une fourchette. Réservez au frais pendant 1 h.

- Servez frais, saupoudré de paprika, avec des tranches de pain grillé et arrosez d'1 filet de jus de citron.

SALADE D'AVOCAT AU KIWI

Préparation : 10 min • **Cuisson :** aucune • **Pour 4 personnes**

3 kiwis • 2 avocats pas trop mûrs • 1/2 concombre
2 citrons verts • 1 petit bouquet de menthe

- Coupez les avocats en 2, ôtez le noyau et découpez la chair en morceaux. Placez ceux-ci dans un saladier.

- Pelez les kiwis et le concombre, coupez-les en morceaux et ajoutez-les dans le saladier.

- Coupez les citrons verts en 2, pressez-en le jus et versez-le dans le saladier.

- À l'aide d'une petite louche, versez la salade dans 4 verres.

- Laissez au réfrigérateur pendant 20 min avant de servir décoré d'une petite tige de menthe lavée et essuyée.

SALADE DE BETTERAVES SUCRÉES-SALÉES

Préparation : 20 min • **Cuisson :** aucune • **Pour 4 personnes**

2 pamplemousses roses • 2 oranges non traitées • 2 petites betteraves cuites
K̶E̶R̶B̶E̶L̶ bouquet de cerfeuil • 1 c. à s. de vinaigre de xérès   SHERRY
3 c. à s. d'huile d'olive • 30 g d'amandes effilées • sel et poivre
                                    MANDELSPÄNE

- Avec un couteau bien tranchant, pelez à vif les pamplemousses, en retirant les peaux blanches, puis séparez les quartiers.

- Lavez 1 orange et séchez-la puis prélevez son zeste avec un éplucheur-légumes et hachez-le finement. Pelez à vif les 2 oranges et séparez les quartiers.

- Retirez les pépins s'il y en a et mettez tous les fruits dans une passoire.

- Pelez les betteraves, puis tranchez-les en fines lamelles.

- Rincez le cerfeuil, séchez-le et détachez les feuilles.

- Pour la vinaigrette, mettez le zeste d'orange haché dans un bol avec le vinaigre de xérès et versez peu à peu l'huile d'olive en remuant bien puis salez et poivrez.

- Faites griller les amandes à sec dans une poêle.

- Préparez 4 assiettes en disposant les lamelles de betteraves et les quartiers de fruits bien égouttés. Arrosez de vinaigrette, décorez avec le cerfeuil et parsemez d'amandes effilées.

SALADE DE BROCOLIS AU JAMBON SEC

Préparation : 20 min • **Cuisson :** 15 min • **Pour 4 personnes**

1 kg de brocolis, en fleurettes, surgelés • 4 figues fraîches
4 tranches fines de jambon sec • 4 c. à s. d'huile d'olive
le jus d'1 citron • sel et poivre

- Faites cuire les brocolis, en suivant les indications de l'emballage. Égouttez-les et laissez-les refroidir.

- Lavez les figues, séchez-les puis ôtez les queues et coupez chaque fruit en 2.

- Enlevez la couenne du jambon et « chiffonnez » chaque tranche.

- Dans un bol, mettez l'huile d'olive, le jus de citron, du sel et du poivre. Mélangez bien en fouettant.

- Disposez les brocolis dans un saladier. Versez la sauce par-dessus et mélangez délicatement.

- Répartissez ensuite les figues et la chiffonnade de jambon par-dessus avant de servir.

SALADE DE PÂTES AU POULET, TOMATES ET CÂPRES

Préparation : 10 min • **Cuisson :** 10 min • **Pour 4 personnes**

250 g de pâtes • eau • 2 blancs de poulet cuits • 2 tomates
2 c. à s. de câpres • sel, poivre • 2 c. à s. d'huile d'olive

- Faites cuire les pâtes dans une grande casserole d'eau bouillante salée.

- Égouttez-les et passez-les sous un filet d'eau froide pour éviter qu'elles collent.

- Coupez les blancs de poulet et les tomates en petits cubes.

- Mélangez les pâtes avec les morceaux de poulet et de tomates. Ajoutez les câpres. Salez, poivrez et ajoutez l'huile d'olive.

SALADE D'ORANGES AUX OIGNONS ROUGES

Préparation : 20 min • **Cuisson :** 2 min • **Pour 4 personnes**

4 oranges douces • 2 oignons rouges • le jus de 2 citrons
2 c. à s. d'huile • 1 c. à s. de miel liquide
2 c. à s. de pistaches décortiquées

- Pelez les oranges à vif, en mordant dans la chair de façon à éliminer les peaux blanches, puis coupez-les en fines rondelles et ôtez les pépins.

- Épluchez les oignons et coupez-les en rondelles, en détachant les anneaux.

- Disposez les rondelles d'oranges dans des coupelles individuelles et mettez les rondelles d'oignons par-dessus.

- Préparez la sauce dans un bol : fouettez le jus de citron avec l'huile et le miel liquide.

- Répartissez cette sauce sur les oranges et les oignons puis recouvrez chaque coupelle de film alimentaire et placez au réfrigérateur pour au moins 2 h.

- Faites griller les pistaches dans une poêle, sans matière grasse, puis laissez refroidir.

- Avant de servir, répartissez les pistaches sur la salade juste sortie du réfrigérateur.

SMOOTHIE GLACÉ DE CONCOMBRE ET D'AVOCAT

Préparation : 15 min • **Cuisson :** aucune • **Pour 4 personnes**

1 avocat • ½ concombre
1 c. à s. d'huile d'olive • 1 c. à c. d'herbes de Provence • sel et poivre

- Pelez l'avocat, ôtez le noyau et coupez la chair en morceaux.

- Coupez le concombre en dés.

- Mixez finement les légumes avec 15 cl d'eau, l'huile et les herbes de Provence. Salez et poivrez.

- Servez frais.

SOUFFLÉS AU FROMAGE

Préparation : 10 min • **Cuisson :** 25 min • **Pour 4 personnes**

30 g de beurre • 30 g de farine • 25 cl de lait
4 œufs • 150 g de fromage râpé • sel et poivre

- Préchauffez le four à 180 °C.

- Faites fondre le beurre dans une casserole. Ajoutez la farine et remuez à l'aide d'une cuillère pour obtenir un mélange lisse et homogène. Réalisez un roux blanc : faites cuire à feu très doux, en remuant constamment, jusqu'à ce que le mélange blanchisse et devienne mousseux.

- Ajoutez peu à peu le lait chaud et laissez cuire pendant 2 min, sans cesser de tourner, jusqu'à ce que le mélange épaississe. Salez et poivrez.

- Séparez les blancs des jaunes d'œufs. Hors du feu, ajoutez les 4 jaunes et le fromage dans la casserole. Salez et poivrez. Mélangez.

- Montez les blancs en neige et incorporez-les délicatement au mélange précédent.

- Répartissez la préparation dans des moules individuels et faites cuire au four de 15 à 20 min.

SOUPE GLACÉE À LA TOMATE

Préparation : 15 min • **Cuisson :** aucune • **Pour 12 personnes**

1 kg de tomates bien mûres • 100 g de pain blanc • 2 gousses d'ail
15 cl d'huile d'olive • 3 cl de vinaigre • 12 petites asperges
basilic frais • sel, poivre

- Coupez les tomates en 2. Ôtez la croûte du pain, et émiettez la mie.

- Écrasez l'ail avec un peu de sel à l'aide d'un mortier, jusqu'à obtention d'une pâte lisse. Mixez les tomates et le pain en fine purée. Passez cette purée à travers un chinois pour retirer les peaux et les pépins. Replacez la purée dans le mixeur et ajoutez la pâte d'ail. Mixez en ajoutant 12 cl d'huile d'olive en filet.

- Versez la préparation dans un saladier et ajoutez le vinaigre. Salez et poivrez. Ajoutez un peu d'eau si la préparation est trop épaisse. Placez au réfrigérateur pour 2 h au moins avant de servir.

- Au moment de servir, versez dans des verres, arrosez d'1 filet d'huile d'olive, salez et poivrez. Placez 1 asperge et 1 feuille de basilic dans chaque verre.

SOUPE GLACÉE DE MELON AU JAMBON GRILLÉ

Préparation : 10 min • **Cuisson :** de 2 à 3 min • **Pour 4 personnes**

2 melons • 5 cl de pineau des Charentes
4 tranches de jambon cru • sel et poivre

- Coupez les melons en 2, retirez les graines et prélevez la chair.
- Mixez-la finement avec le pineau des Charentes. Salez et poivrez.
- Répartissez la préparation dans des petits verres.
- Coupez le jambon cru coupé en lamelles et faites-les griller à la poêle de 2 à 3 min.
- Ajoutez les lamelles de jambon grillé dans les veloutés et servez.

Conseil : laissez le velouté pendant 2 h au réfrigérateur de façon qu'il soit bien frais au moment de servir.

SOUPE GLACÉE DE PETITS POIS À LA MENTHE

Préparation : 10 min • **Cuisson :** 15 min • **Pour 4 personnes**

1 cube de bouillon de volaille • 500 g de petits pois écossés
12 belles feuilles de menthe

- Portez une grande casserole d'eau à ébullition avec le cube de bouillon. Ajoutez les petits pois et faites-les cuire pendant 15 min.

- Égouttez les petits pois en réservant l'eau de cuisson.

- Mixez-les finement avec les feuilles de menthe dans un blender et ajoutez un peu de jus de cuisson pour avoir la consistance souhaitée.

- Laissez refroidir et réservez au frais jusqu'au moment de servir.

TABOULÉ ÉPICÉ AUX COURGETTES ET AUX TOMATES

Préparation : 15 min • **Cuisson :** 17 min • **Pour 4 personnes**

*25 cl d'eau • 1 cube de bouillon • 250 g de couscous
2 courgettes • 1 c. à c. d'huile d'olive • sel • 3 tomates
1/2 bouquet de menthe • 1 c. à s. de cumin
le jus d'1 citron • 50 g d'amandes entières*

- Faites dissoudre le cube de bouillon dans l'eau bouillante. Dans un saladier, versez la semoule et humectez-la avec le bouillon. Couvrez avec une assiette et laissez reposer 10 min. Puis égrenez la semoule avec une fourchette pour bien détacher les grains.

- Lavez les courgettes et détaillez-les en petits cubes. Faites-les cuire pendant 15 min dans une sauteuse avec l'huile d'olive. Salez. Réservez.

- Détaillez les tomates en dés et la menthe en fines lamelles.

- Mélangez tous les ingrédients. Laissez 1 h au frais avant de servir dans des verrines.

TAPENADE AUX OLIVES

Préparation : 5 min • **Cuisson :** aucune • **Pour 4 personnes**

200 g d'olives noires dénoyautées • 1 gousse d'ail • 1 c. à s. de câpres
4 filets d'anchois à l'huile • 3 c. à s. d'huile d'olive
le jus d'1/2 citron • poivre

- Dans le bol d'un robot, mettez les olives noires, l'ail épluché, les câpres, les filets d'anchois et l'huile d'olive puis mixez le tout finement.

- Ajoutez le jus de citron et un peu de poivre.

- Servez la tapenade avec des toasts de pain grillés.

TARTARE D'AVOCATS ET TOMATES AU CUMIN

Préparation: 20 min • **Cuisson:** 30 s • **Pour 4 personnes**

*2 échalotes • 3 avocats • le jus d'1 citron • 3 tomates bien charnues
quelques brins de persil plat • 2 c. à s. d'huile de noix
2 c. à s. d'huile de tournesol • 2 pincées de cumin en poudre • sel et poivre*

- Épluchez les échalotes et hachez-les finement.

- Coupez les avocats en 2 et retirez leur noyau. Avec un couteau bien tranchant, quadrillez chaque moitié de façon à former des petits carrés. Enfoncez la lame du couteau jusqu'à l'écorce et détachez ensuite la chair avec une cuillère.

- Placez les dés d'avocat dans un saladier et arrosez-les de jus de citron pour qu'ils ne noircissent pas.

- Ébouillantez les tomates pendant 30 s, puis pelez-les et débitez la pulpe en dés, en éliminant les graines et laissez égoutter sur du papier absorbant.

- Lavez le persil et séchez-le.

- Dans un bol, mélangez les 2 huiles avec l'échalote et le cumin. Salez et poivrez.

- Mélangez les dés de tomates égouttés avec les dés d'avocat et arrosez-les avec la sauce.

- Décorez le tartare avec les feuilles de persil et servez bien frais.

TARTARE DE SAINT-JACQUES À L'ANANAS

Préparation : 10 min • **Cuisson :** aucune • **Pour 2 personnes**

6 noix de saint-jacques • 120 g de chair d'ananas frais
2 c. à s. d'huile d'olive • 2 c. à s. de vinaigre de cidre • sel et poivre

- Coupez les saint-jacques en petits dés.

- Coupez la chair d'ananas en petits cubes. Salez, poivrez.

- Mélangez tous les ingrédients et réservez 1 h au frais. Servez dans 2 verrines.

TARTINADE DE MAQUEREAU

Préparation : 30 min • **Cuisson :** 20 min • **Pour 4 personnes**

1 oignon • le jus d'1 citron • 1 c. à c. de graines de coriandre
quelques branches de thym frais • 1 bouquet de persil
4 maquereaux • 2 échalotes • 2 gousses d'ail • 2 c. à s. d'huile d'olive
15 cl de vin blanc • 200 g de saindoux • sel et poivre au moulin

- Portez à ébullition une grande casserole d'eau. Épluchez l'oignon et coupez-le en 4. Mettez-le dans l'eau avec le jus de citron, les graines de coriandre, 2 branches de thym, le persil, du sel et du poivre. Faites pocher les maquereaux dans ce bouillon pendant 8 min. Laissez refroidir.

- Sortez les maquereaux de l'eau à l'aide d'une écumoire, levez les filets, retirez toutes les arêtes. Émiettez-le. Réservez.

- Épluchez et émincez finement les échalotes. Épluchez l'ail et retirez les germes, émincez-le. Faites revenir les échalotes et l'ail à l'huile d'olive dans une sauteuse, à feu doux. Ajoutez le maquereau émietté et le vin blanc. Salez, poivrez. Incorporez le saindoux, mélangez intimement, et laissez mijoter de 2 à 3 min.

- Remplissez des verrines avec la préparation et déposez 1 petite branche de thym sur le dessus. Laissez refroidir. Placez au frais avant de servir.

TIMBALES DE COQUILLETTES AUX CREVETTES

Préparation : 10 min • **Cuisson :** 15 min • **Pour 4 personnes**

*250 g de coquillettes • 150 g de petites carottes surgelées
200 g de crevettes décortiquées • 3 c. à s. de chutney de mangue
3 c. à s. de fromage blanc • 1/2 c. à c. de gingembre
1 c. à s. de coriandre • sel et poivre*

- Faites cuire les coquillettes dans une grande casserole d'eau bouillante salée. Égouttez-les et passez-les sous un filet d'eau froide pour éviter qu'elles ne collent. Versez-les dans un saladier.

- Faites cuire les carottes de 5 à 10 min dans une casserole d'eau bouillante salée. Égouttez-les.

- Décortiquez les crevettes.

- Dans un bol, mélangez le chutney de mangue avec le fromage blanc, le gingembre, du sel et du poivre.

- Versez la sauce sur les pâtes, ajoutez les carottes, les crevettes et la coriandre. Mélangez bien et servez frais.

TZATZIKI AUX DÉS DE TOMATE

Préparation: 25 min • **Repos:** 20 min • **Pour 4 personnes**

*1 concombre • 1 oignon nouveau • 2 tomates • 2 yaourts à la grecque
1 c. à s. d'huile d'olive • 1 c. à s. de vinaigre de xérès • poivre*

- Pelez les ¾ du concombre et épépinez-le. Coupez-le en très fines tranches. Salez-le et laissez-le dégorger pendant 20 min dans une passoire. Découpez le reste en petits dés.

- Épluchez l'oignon, en conservant sa tige, puis hachez-le très finement.

- Pelez et épépinez les tomates après les avoir ébouillantées pendant 30 s. Découpez-les en petits dés.

- Dans un saladier, mélangez le concombre haché, les yaourts, l'oignon, l'huile, le vinaigre et un peu de poivre. Répartissez la préparation dans des verres. Parsemez de dés de concombre et de tomate. Servez très frais.

VELOUTÉ DE CAROTTES

Préparation : 20 min • **Cuisson :** 20 min • **Pour 4 personnes**

8 carottes • 1 c. à c. de graines de coriandre • 4 brins de thym
10 cl de crème liquide • bouillon de légumes • sel et poivre

- Lavez les carottes, épluchez-les et coupez-les en rondelles.

- Mettez-les dans une casserole avec 50 cl d'eau, les graines de coriandre et le thym. Salez et poivrez. Portez à ébullition et laissez cuire pendant 15 min.

- Enlevez le thym. Égouttez les carottes et mixez-les. Versez-les dans la casserole puis incorporez la crème et du bouillon de légumes jusqu'à l'obtention de la texture souhaitée.

- Faites réchauffer le velouté sans le porter à ébullition avant de servir.

VELOUTÉ DE CHOU ROUGE À LA POMME

Préparation : 5 min • **Cuisson :** 20 min • **Pour 2 à 3 personnes**

300 g de chou rouge • 10 cl de jus de pomme • sel, poivre

- Ôtez les grosses côtes du chou, lavez-le et émincez-le en fines lamelles. Faites-le cuire dans de l'eau bouillante salée pendant 20 min.

- Égouttez-le et réservez le liquide de cuisson.

- Mixez le chou très finement avec le jus de pomme à l'aide d'un blender. Ajoutez du bouillon de cuisson pour avoir une consistance veloutée. Salez et poivrez.

VELOUTÉ DE COURGETTES

Préparation : 15 min • **Cuisson :** 15 min • **Pour 4 personnes**

*600 g de courgettes • 200 g de chèvre frais • 1 c. à s. de jus de citron
copeaux de parmesan • feuilles de menthe ou de basilic • sel et poivre*

- Lavez les courgettes et coupez-les en rondelles.

- Faites-les cuire pendant 10 min dans une grande quantité d'eau bouillante salée. Égouttez-les.

- Mixez les courgettes avec le chèvre et le jus de citron. Salez et poivrez.

- Servez dans des verres individuels, décoré de copeaux de parmesan et de basilic ou de menthe fraîche.

VELOUTÉ TOMATES FRAISES

Préparation : 5 min • **Cuisson :** aucune • **Pour 2 personnes**

200 g de fraises • 200 g de tomates
sel, poivre • 1 bouquet de basilic

- Lavez et équeutez les fraises. Coupez-les en 2.
- Lavez, mondez les tomates, et coupez-les en morceaux.
- Mixez finement les fruits avec un blender. Assaisonnez et réservez au frais.
- Parsemez de feuilles de basilic entières ou ciselées avant de servir.

VERRINE DE FÈVES AU SAFRAN

Préparation : 5 min • **Cuisson :** 17 min • **Pour 4 personnes**

500 g de fèves surgelées • 1 cube de bouillon • 1 oignon
2 c. à s. d'huile d'olive • 1 dosette de safran • sel et poivre

- Faites cuire les fèves pendant 7 min dans une grande casserole d'eau bouillante, avec le cube de bouillon. Égouttez-les.

- Pelez et émincez finement l'oignon. Faites-le fondre dans une sauteuse avec un peu d'huile. Ajoutez les fèves, ½ verre d'eau et le safran. Salez et poivrez. Laissez mijoter pendant 10 min et servez.

VERRINE DE MELON ET DE PASTÈQUE À LA FETA

Préparation : 10 min • **Cuisson :** aucune • **Pour 4 personnes**

1/2 pastèque • 1/2 melon charentais • 200 g de feta
4 c. à s. d'huile d'olive extra-vierge • 2 c. à s. de vinaigre blanc
1 c. à s. de sucre en poudre • 1 poignée de feuilles de menthe

- Prélevez la chair de la pastèque et du melon et détaillez-la en cubes après en avoir retiré les pépins.

- Coupez la feta en cubes. Lavez la menthe, essuyez-la et ciselez-la.

- Dans un saladier, versez l'huile, le vinaigre et le sucre. Fouettez jusqu'à ce que le sucre fonde.

- Ajoutez la feta, et remuez pour bien l'imprégner de la sauce.

- Versez les cubes de pastèque et de melon dans le saladier. Ajoutez la menthe et mélangez intimement.

- Répartissez la préparation dans 4 grandes verrines et servez.

VERRINE DE SAUMON MARINÉ ET CREVETTES

Préparation : 20 min • **Cuisson :** aucune • **Pour 4 personnes**

400 g de filet de saumon frais • 300 g de gros sel
1 ½ citron jaune • 2 fruits de la Passion • 1 c. à c. de moutarde
½ c. à c. de gingembre frais râpé
150 g de crevettes roses cuites, décortiquées

- Détaillez le saumon en gros cubes. Déposez-les sur un lit de gros sel, dans un petit plat, et recouvrez avec le sel restant. Arrosez avec le jus d'1 citron, couvrez avec un film alimentaire et laissez mariner au frais pendant 12 h.

- Au bout de ce temps, rincez le saumon à grande eau. Coupez-le en petits dés.

- Mélangez la pulpe des fruits de la Passion avec la moutarde, le gingembre et le jus d'½ citron. Versez cette sauce sur le saumon, ajoutez les crevettes et mélangez bien. Servez frais.

VERRINE FRAÎCHE ESTIVALE

Préparation : 15 min • **Cuisson :** aucune • **Pour 4 personnes**

2 c. à s. de fines herbes (persil, ciboulette, estragon, cerfeuil, etc.)
250 g de chèvre frais • 12 cl de crème fleurette • 2 c. à s. d'huile d'olive
le jus d'1/2 citron • 600 g de légumes crus au choix (concombre, céleri, tomates cerises, avocats, courgettes, carottes, etc.) • sel et poivre

- Lavez les herbes, séchez-les et hachez-les.

- Mixez ensemble le fromage de chèvre, les herbes hachées, la crème fleurette, l'huile d'olive et le jus de citron. Salez et poivrez.

- Répartissez cette sauce dans des verrines individuelles.

- Lavez les légumes, rincez-les puis coupez-les en morceaux. Enfilez-les sur des piques à cocktail et servez-les avec les verrines de sauce au fromage.

VERRINE MOUSSEUSE AU CONCOMBRE

Préparation: 10 min • **Cuisson:** aucune • **Pour 6 personnes**

½ concombre • 1 c. à s. d'huile d'olive • 5 gouttes de tabasco
5 portions de Vache qui rit • 2 c. à s. de lait
6 c. à c. de tapenade • sel et poivre

- Lavez et mixez finement le concombre avec l'huile d'olive et le tabasco. Salez et poivrez. Réservez au frais.

- Mélangez le fromage avec le lait à l'aide d'un fouet. Travaillez la pâte pour avoir un mélange mousseux.

- Répartissez le velouté de concombre dans 6 miniverrines. Déposez une couche de fromage et 1 c. à c. de tapenade.

- Servez frais.

VERRINE PARMENTIÈRE À LA TRUFFE NOIRE

Préparation: 30 min • **Cuisson:** 25 min • **Pour 6 personnes**

*100 g de pommes de terre nouvelles • 4 gousses d'ail • 2 poireaux
20 g de beurre • 50 cl de bouillon de poulet •
12,5 cl de crème fraîche • 6,5 cl d'huile de truffe
1 truffe noire en copeaux • 1 petit bouquet de ciboulette • sel et poivre*

- Épluchez, lavez et coupez les pommes de terre. Réservez dans un saladier d'eau fraîche.

- Épluchez l'ail et retirez le germe. Émincez et lavez les poireaux. Faites suer les poireaux et l'ail dans un peu de beurre.

- Ajoutez le bouillon de poulet et les pommes de terre. Laissez cuire jusqu'à ce que les pommes de terre soient fondantes. Ajoutez la crème et portez la soupe à ébullition.

- Retirez du feu, salez et poivrez, puis mixez jusqu'à ce que le mélange soit lisse.

- Réservez au frais pendant 1 h.

- Au moment de servir, incorporez l'huile de truffe et mélangez. Versez la soupe dans des verres à shooters et parsemez de copeaux de truffe et de ciboulette ciselée.

VICHYSSOISE GLACÉE

Préparation : 20 min • **Cuisson :** 35 min • **Pour 6 personnes**

*600 g de blancs de poireau • 500 g de pommes de terre nouvelles
1 branche de céleri • 60 cl d'eau • 2 cubes de bouillon de volaille
50 g de beurre • 60 cl de lait • sel, poivre
1 pincée de noix muscade râpée • 1 botte de ciboulette
1 bouquet de cerfeuil • 25 cl de crème liquide*

- Épluchez les blancs de poireau. Fendez-les en 4 sur toute la longueur, lavez-les et émincez-les. Réservez.

- Pelez les pommes de terre. Lavez-les et coupez-les en petits dés. Réservez. Pelez le céleri. Lavez-le et taillez-le en lamelles fines. Réservez.

- Portez à ébullition 60 cl d'eau. Hors du feu, ajoutez les cubes de bouillon et mélangez au fouet jusqu'à ce qu'ils soient dissous. Réservez.

- Faites fondre le beurre dans une casserole. Ajoutez et mélangez les blancs de poireau, les pommes de terre et le céleri. Couvrez et laissez étuver sur feu doux pendant 10 min.

- Versez le bouillon dans la casserole, puis le lait. Salez, poivrez et muscadez. Mélangez bien. Laissez cuire à découvert à petits frémissements pendant 25 min, en remuant régulièrement. Mixez la préparation. Laissez refroidir le potage puis mettez-le au réfrigérateur pendant 1 h.

- Au moment de servir, lavez les fines herbes. Coupez la ciboulette. Détachez les pluches de cerfeuil. Versez la crème liquide dans le potage froid, mélangez et parsemez de fines herbes. Servez très froid.

Verrines sucrées

AFFOGATO AU CAFÉ

Préparation : 10 min • **Cuisson :** aucune • **Pour 4 verrines**
20 cl de crème fraîche • 1 c. à s. de sucre glace
8 boules de glace à la vanille • 20 cl de café fort (expresso)
sucre en poudre (facultatif) • grains de café pour le décor

- Montez la crème fraîche en chantilly en ajoutant le sucre glace petit à petit.

- Mettez 1 boule de glace à la vanille dans chaque verre.

- Arrosez de café très chaud, mettez un peu de sucre selon le goût.

- Ajoutez 1 boule de glace, puis décorez de chantilly et de grains de café.

COCKTAIL LACTÉ À LA GUIMAUVE

Préparation : 10 min • **Cuisson :** 3 min • **Pour 4 personnes**

1 morceau de guimauve (12 cm de long) • 50 cl de lait

- Découpez la guimauve en petits morceaux et répartissez ceux-ci dans 4 verres.

- Faites chauffer le lait à feu doux dans une casserole, sans le laisser bouillir.

- Versez le lait chaud sur la guimauve et mélangez.

- Servez aussitôt.

COUPE MOUSSEUSE AU CASSIS

Préparation : 20 min • **Cuisson :** 2 min • **Pour 4 personnes**

*1 feuille de gélatine • 600 g de baies de cassis surgelées
100 g de sucre glace • 200 g de crème liquide
feuilles de menthe pour le décor*

- Faites tremper la gélatine dans un bol d'eau froide pendant 10 min.

- Réservez 1 c. à s. de cassis et passez le reste des fruits au mixeur. Filtrez pour éliminer les graines.

- Faites tiédir un verre de pulpe de cassis et ajoutez la gélatine essorée. Remuez doucement jusqu'à dissolution complète. Ajoutez le reste de pulpe, les baies de cassis réservées et 60 g de sucre glace. Mélangez intimement. Laissez tiédir.

- Montez la crème en chantilly en incorporant petit à petit le reste de sucre glace. Mélangez délicatement la chantilly à la pulpe de fruits. Répartissez la préparation dans 4 coupes et décorez de feuilles de menthe. Réservez au frais.

CRÈME À LA MANDARINE

Préparation : 15 min • **Cuisson :** 40 min • **Pour 6 personnes**

3 œufs • 3 jaunes d'œufs • 90 g de sucre en poudre
50 cl de jus de mandarine • 1 c. à s. de liqueur de mandarine
2 mandarines

- Préchauffez le four à 180 °C.

- Battez les œufs, les jaunes d'œufs et le sucre dans un saladier, jusqu'à ce que le mélange devienne clair et mousseux. Incorporez le jus et la liqueur de mandarine.

- Mettez dans des ramequins et faites cuire au four au bain-marie pendant 40 min.

- Réservez au frais pendant 1 h au moins avant de servir. Décorez avec des quartiers de mandarine.

CRÈME AU CHOCOLAT BLANC ET AUX FRAISES

Préparation : 40 min • **Cuisson :** 4 min • **Pour 6 personnes**

2 feuilles de gélatine • 150 g de chocolat blanc
50 cl de crème fraîche • 125 g de fraises
50 g de chocolat noir cassé en morceaux

- Faites tremper la gélatine dans un bol d'eau froide pendant 10 min.

- Cassez le chocolat blanc en petits morceaux.

- Faites chauffer la crème et le chocolat blanc dans une casserole à feu moyen. Mélangez jusqu'à ce que le chocolat soit fondu et la préparation lisse.

- Ajoutez la gélatine essorée et remuez jusqu'à complète dissolution. Ôtez du feu et fouettez pendant 3 min.

- Équeutez les fraises et coupez-les en quartiers. Incorporez-les au chocolat blanc.

- Faites fondre le chocolat noir au bain-marie, puis remplissez la moitié d'une poche à douille de chocolat.

- Dessinez des spirales sur les parois intérieures de 6 verres. Réfrigérez pendant 5 min.

- Ôtez les verres du réfrigérateur et versez la crème aux fraises. Réservez au frais pendant 1 h.

CRÈME AU CHOCOLAT ET AUX MARSHMALLOWS

Préparation : 20 min • **Cuisson :** 3 min • **Pour 6 personnes**

3 feuilles de gélatine • 40 cl de crème liquide
20 cl de lait • 100 g de chocolat au lait à pâtisser
1 c. à s. de whisky (facultatif) • 12 marshmallows
6 cl de sirop de chocolat • 1 barre de chocolat noir

- Faites tremper les feuilles de gélatine dans un bol d'eau froide pendant 10 min.

- Portez la crème et le lait à ébullition. Hors du feu, incorporez le chocolat coupé en morceaux et la gélatine essorée. Remuez jusqu'à complète dissolution. Ajoutez le whisky (facultatif). Laissez refroidir.

- Disposez 2 marshmallows dans chaque verrine. Versez la préparation au chocolat par-dessus. Nappez de sirop de chocolat puis parsemez de copeaux de chocolat prélevés sur la barre de chocolat à l'aide d'un épluche-légumes. Réservez au frais pendant 3 h.

CRÈME AUX ŒUFS À LA CONFITURE DE REINES-CLAUDES

Préparation : 25 min • **Cuisson :** 45 min • **Pour 6 personnes**

15 g de beurre • 6 c. à s. de confiture de reines-claudes
3 œufs + 2 jaunes • 65 g de sucre en poudre
1 c. à c. d'eau-de-vie de prune (facultatif) • 50 cl de lait

- Préchauffez le four à 180 °C.

- Beurrez 6 ramequins individuels. Déposez 1 c. à s. de confiture dans chacun des ramequins.

- Battez les œufs, les jaunes d'œufs et le sucre. Ajoutez l'eau-de-vie de prune (facultatif).

- Faites chauffer le lait. Versez-le sur le mélange œufs-sucre en remuant.

- Répartissez la préparation dans les ramequins.

- Faites cuire au four au bain-marie pendant 45 min.

CRÈME D'AMANDES SUR CARAMEL D'AGRUMES

Préparation : 30 min • **Cuisson :** 50 min • **Pour 6 personnes**

1 orange sanguine non traitée
le zeste d'1 citron vert non traité • 50 cl de lait entier
1 gousse de vanille • 190 g de sucre en poudre
2 œufs + 2 jaunes • 2 c. à s. de poudre d'amandes

Pour le crumble : 50 g de farine • 70 g de sucre en poudre roux
90 g de beurre • 50 g d'amandes effilées

- Prélevez le zeste de l'orange et pressez-la. Lavez, séchez et émincez les zestes (orange + citron vert). Portez le lait à ébullition avec la gousse de vanille fendue en 2 dans la longueur et les zestes. Laissez infuser pendant 15 min.

- Faites un caramel avec 100 g de sucre et 1 c. à s. de jus d'orange sanguine. Répartissez-le dans 6 verrines.

- Dans un saladier, battez les œufs et les jaunes avec le reste de sucre. Incorporez la poudre d'amandes et versez dessus le lait chaud tout en fouettant le mélange.

- Répartissez le mélange dans les verrines caramélisées et faites cuire au four au bain-marie pendant 30 min. Laissez refroidir.

- Pour le crumble : mélangez rapidement la farine, le sucre roux, le beurre et les amandes effilées. Étalez le mélange sur une plaque à four antiadhésive et gardez au frais. Au moment de servir, faites cuire le crumble au four à 220 °C pendant 15 min, laissez-le tiédir et parsemez-en les verrines.

CRUMBLE AUX FRAISES

Préparation : 25 min • **Cuisson :** 8 min • **Pour 4 personnes**

8 sablés type Sablés des prés Bonne Maman • 150 g de fraises

Pour la crème : 25 cl de lait • 1 œuf • 1 c. à s. de Maïzena
60 g de sucre en poudre • 1 sachet de sucre vanillé

- Passez les ingrédients de la crème au mixeur. Transvasez dans une casserole. Faites cuire à feu doux en remuant sans arrêt à l'aide d'une cuillère en bois, pendant 8 min environ, jusqu'à ce que la crème nappe la cuillère. Laissez refroidir.

- Émiettez grossièrement les sablés. Lavez et équeutez les fraises. Émincez-les. Réservez.

- Mettez une couche de sablés dans les verrines. Ajoutez une couche de crème à la vanille. Ajoutez une couche de sablé et de fraises mélangés, une couche de crème et terminez par des fraises.

- Réservez au frais pendant 1 h au moins.

DIPLOMATE AUX FRUITS ROUGES EN VERRINE

Préparation : 15 min • **Cuisson :** aucune • **Pour 4 personnes**

25 cl de crème liquide • 1 c. à s. de sucre glace
250 g de fruits rouges • 4 tranches de quatre-quarts
20 cl de coulis de fruits rouges

- Montez la crème en chantilly en incorporant le sucre glace. Réservez au frais.

- Répartissez la moitié des fruits rouges dans 4 coupes. Disposez par-dessus 1 tranche de quatre-quarts. Imbibez du coulis de fruits rouges. Répartissez le reste de fruits rouges. Couvrez d'un nuage de chantilly.

- Réservez au frais jusqu'au moment de servir.

ÉCUME AU THÉ VERT

Préparation : 20 min • **Cuisson :** aucune • **Pour 4 personnes**

600 g de glace à la crème allégée
1 c. à s. de thé vert japonais en poudre

- Mettez la glace dans un récipient et malaxez-la avec une cuillère jusqu'à ce qu'elle soit souple.

- Ajoutez le thé vert et mélangez-le avec la glace.

- Quand le mélange est homogène, et que la glace prend une couleur vert clair, laissez durcir au réfrigérateur pendant 2 h.

ÉMULSION AUX GROSEILLES

Préparation : 30 min • **Cuisson :** 6 min • **Pour 4 personnes**

*250 g de groseilles • le jus d'1/2 citron • 100 g d'édulcorant en poudre
1 c. à c. de sucre glace*

- Lavez rapidement les groseilles, égouttez-les dans une passoire. Réservez quelques grappes de fruits pour la décoration puis passez le reste au tamis. Mettez le jus obtenu dans un récipient et ajoutez le jus du 1/2 citron.

- Mettez l'édulcorant dans une casserole à fond assez épais. Ajoutez-y un verre d'eau et laissez bouillir à feu doux lentement de 5 à 6 min.

- Retirez le sirop du feu, laissez-le refroidir, puis mélangez-le soigneusement au jus de groseille.

- Versez le contenu dans des coupes, mettez-les au congélateur pendant 30 min. Avant de Servir, décorez d'une grappe de groseilles et saupoudrez de sucre glace.

FORÊT-NOIRE

Préparation : 30 min • **Cuisson :** 20 min • **Pour 4 personnes**

45 g de beurre • 2 œufs • 120 g de sucre en poudre
25 g de farine • 3 c. à s. de cacao amer
1 sachet de levure chimique • 200 g de mascarpone
10 cl de crème fraîche • 35 g de sucre glace
400 g de cerises • 1 bâton de cannelle • 3 c. à s. de kirsch

- Préchauffez le four à 180 °C.

- Faites fondre le beurre et jetez l'écume. Réservez la partie translucide dans un bol.

- Fouettez les œufs en mousse avec 50 g de sucre en poudre. Incorporez la farine tamisée, 2 c. à s. de cacao, la levure et le beurre refroidi. Étalez sur une plaque de cuisson antiadhésive et faites cuire au four pendant 12 min. Sortez du four et laissez refroidir. Découpez 8 disques de la taille des coupes dans la pâte.

- Fouettez le mascarpone avec la crème et le sucre glace. Réservez au frais.

- Dénoyautez les cerises. Portez à ébullition 20 cl d'eau avec la cannelle et le reste de sucre en poudre. Ajoutez les cerises et laissez cuire à petits frémissements pendant 8 min. Retirez les cerises de la casserole. Ajoutez le kirsch au sirop et humectez-en les disques de pâte.

- Réservez 4 cerises et répartissez le reste dans le fond de 4 coupes. Couvrez avec 1 disque de biscuit, 1 couche de mascarpone et 1 autre disque de biscuit. Saupoudrez de cacao et répartissez le reste de mascarpone. Saupoudrez de nouveau de cacao et décorez avec les cerises réservées et une brisure de bâton de cannelle. Gardez au frais pendant 2 h avant de servir.

GELÉE AUX PÊCHES ET AUX BISCUITS ROSES DE REIMS

Préparation : 5 min • **Cuisson :** 5 min • **Pour 4 personnes**

4 pêches • 2 yaourts à la vanille
1 c. à c. d'agar-agar • 4 biscuits roses de Reims

- Coupez les pêches en morceaux. Mixez-les finement avec les yaourts et l'agar-agar.

- Faites chauffer le mélange pour activer les propriétés de l'agar-agar et retirez-le du feu.

- Répartissez les biscuits roses de Reims émiettés dans 4 ramequins, puis versez la préparation dessus.

- Réservez au moins 2 h au réfrigérateur avant de servir.

GELÉE DE FRUITS ACIDULÉE

Préparation : 10 min • **Cuisson :** 3 min • **Pour 6 personnes**

4 feuilles de gélatine • 75 cl de jus de fruits
250 g de salade de fruits au sirop

- Faites tremper la gélatine dans un bol d'eau froide pendant 10 min.

- Portez le jus de fruits (ici, du jus d'orange) à ébullition dans une petite casserole. Hors du feu, ajoutez la gélatine essorée et remuez jusqu'à complète dissolution. Laissez tiédir.

- Répartissez la salade de fruits au sirop dans 6 verrines et couvrez de jus de fruits. Laissez prendre au frais pendant 3 h.

GELÉE DE GRENADE

Préparation: 45 min • **Cuisson:** 15 min • **Pour 6 personnes**

12 grenades • 100 g de sucre • le jus d'1 citron
4 feuilles de gélatine • 150 g de fromage blanc à 20 % de matière grasse

- Coupez 10 grenades en 4 et récupérez les graines sans la peau blanche.

- Mettez le reste dans une casserole avec 20 cl d'eau, le jus de citron et le sucre, portez à ébullition pendant 15 min, laissez refroidir en y incorporant les feuilles de gélatine. Répartissez cette gelée dans 6 verrines.

- Fouettez le fromage blanc jusqu'à ce qu'il soit mousseux. Coupez les 2 grenades restantes en quatre et récupérez les graines sans la peau blanche. Terminez de remplir les verrines avec la mousse de fromage blanc, puis quelques graines de grenades.

- Mettez au réfrigérateur 2 h avant de servir.

GLACE FRUITS DE LA PASSION

Préparation : 20 min • **Cuisson :** 5 min • **Pour 4 personnes**

*25 cl de crème fraîche • 25 cl de lait • 20 g de sucre
2 citrons • 6 fruits de la passion frais*

- Chauffez la crème et le lait.

- Versez la crème, le lait et le sucre dans un saladier.

- Mélangez jusqu'à ce que le sucre ait fondu. Lorsque le mélange a refroidi, couvrez le saladier et placez-le au congélateur.

- Après 1 h, sortez la préparation du congélateur et passez-la au mixeur. Replacez-la au frais. Répétez l'opération après 1 h, en mélangeant le zeste d'1 citron, le jus des 2 citrons et la chair extraite des fruits de la passion.

- Replacez au congélateur 1 h de plus et mixez une fois encore.

LASSI AU MELON ET À L'ABRICOT

Préparation : 4 min • **Cuisson :** aucune • **Pour 4 personnes**

5 abricots • 1 melon (environ 250 g de chair)
20 cl de lait • 40 g de sucre en poudre

- Lavez et dénoyautez les abricots.
- Ôtez les graines du melon et prélevez la chair.
- Mixez finement les fruits avec le lait et le sucre.
- Réservez pendant 30 min au frais avant de servir.

LIÉGEOIS DE MOUSSE DE MANGUE AU MASCARPONE

Préparation : 30 min • **Cuisson :** 5 min • **Pour 6 personnes**

300 g de mangues
60 g de sucre en poudre + 3 c. à s. pour le caramel
le jus d'1 citron vert • 1 c. à c. de Maïzena®
10 cl de crème liquide • 150 g de mascarpone
1 sachet de sucre vanillé • 12 cerneaux de noix

- Pelez les mangues et coupez-les en morceaux. Passez-les au mixeur avec 30 g de sucre. Réservez 1 c. à c. de jus de citron. Ajoutez le reste du jus de citron, la Maïzena® et faites cuire dans une casserole pendant 2 min, en remuant sans cesse. Réservez.

- Montez la crème en chantilly. Mélangez le mascarpone, le reste du sucre, le sucre vanillé et incorporez délicatement à la chantilly.

- Mettez 10 cl d'eau, 3 c. à s. de sucre et 1 c. à c. de jus de citron dans une casserole. Remuez jusqu'à ce que le sucre fonde puis faites cuire pendant 3 min, jusqu'à la formation d'un sirop brun foncé. Retirez du feu.

- Plongez rapidement les cerneaux de noix dans le caramel et laissez-les refroidir sur du papier sulfurisé.

- Sur une feuille de papier sulfurisé, formez des motifs en versant le reste du caramel et laissez durcir.

- Répartissez dans 6 verrines 1 couche de mascarpone, 1 couche de crème de mangues et 1 couche de mascarpone à l'aide d'une poche à douille.

- Décorez avec les cerneaux de noix et les motifs de caramel.

MOUSSE À LA MANGUE

Préparation : 5 min • **Cuisson :** aucune • **Pour 4 personnes**

2 œufs • 200 g de mangue en conserve • 50 g de sucre en poudre

- Séparez les blancs des jaunes d'œufs.
- Mixez finement la mangue avec le sucre et les jaunes d'œufs.
- Battez les blancs d'œufs en neige. Incorporez-les délicatement à la préparation.
- Réservez pendant 1 h au frais avant de servir.

MOUSSE AU CHOCOLAT

Préparation : 20 min • **Cuisson :** 5 min • **Pour 6 personnes**

*10 cl de crème liquide • 400 g de chocolat amer
6 œufs • 1 c. à s. de sucre semoule*

- Faites bouillir la crème.

- Pendant ce temps, faites fondre le chocolat au bain-marie.

- Versez la crème sur le chocolat fondu et réservez hors du feu.

- Séparez les blancs des jaunes d'œufs, et ne gardez que 2 jaunes d'œufs. Montez les blancs en neige avec le sucre, en incorporant les jaunes à la fin. Versez 1/4 de la préparation sur le mélange chocolat-crème. Mélangez au fouet. Ajoutez le reste des blancs en neige et mélangez délicatement.

- Versez la mousse dans des verrines individuelles et laissez au réfrigérateur pendant 2 h au moins avant de servir.

MOUSSE AU CITRON

Préparation : 30 min • **Cuisson :** 5 min • **Pour 6 personnes**

3 feuilles de gélatine • 20 cl de crème fraîche • 1 c. à s. de sucre glace
4 citrons non traités • 4 œufs • 175 g de sucre en poudre
1 sachet de sucre vanillé • 30 g de beurre • sel

- Faites tremper les feuilles de gélatine dans un bol d'eau froide pendant 10 min.

  Montez la crème fraîche en chantilly en incorporant le sucre glace petit à petit. Réservez au frais.

- Prélevez le zeste d'1 citron et le jus de 3 citrons. Réservez.

- Battez les œufs, le sucre en poudre et le sucre vanillé dans un saladier, jusqu'à ce que le mélange devienne clair et mousseux. Incorporez le zeste et le jus de citron. Portez à ébullition en remuant à l'aide d'une cuillère en bois et laissez cuire pendant 1 min, toujours en remuant.

- Hors du feu, incorporez les feuilles de gélatine et le beurre. Mélangez jusqu'à parfaite dissolution.

- Mettez les blancs d'œufs dans un saladier avec 1 pincée de sel. Montez-les en neige ferme. Incorporez à la préparation au citron.

- Répartissez la mousse au citron dans des verrines. Surmontez de chantilly. Laissez prendre pendant 3 h au moins au réfrigérateur. Décorez de quartiers de citron.

MOUSSE AUX DEUX CHOCOLATS

Préparation : 25 min • **Cuisson :** 10 min • **Pour 6 personnes**

4 œufs • 100 g de chocolat au lait • 100 g de chocolat blanc
1 barre de chocolat noir • sel

- Cassez les œufs, séparez les blancs des jaunes.

- Cassez le chocolat au lait en morceaux. Faites-le fondre au bain-marie. Hors du feu, incorporez 2 jaunes d'œufs et mélangez. Faites de même avec le chocolat blanc.

- Mettez les blancs d'œufs dans un saladier avec 1 pincée de sel. Montez-les en neige ferme. Incorporez délicatement la moitié au chocolat blanc et le reste au chocolat au lait.

- Remplissez à moitié des verrines de mousse au chocolat blanc et complétez avec la mousse au chocolat au lait.

- À l'aide d'un éplucde-légumes, prélevez des copeaux sur la barre de chocolat noir. Parsemez-en les mousses pour décorer. Réservez au frais pendant 2 h au moins.

MOUSSE CAPPUCCINO

Préparation : 20 min • **Cuisson :** 5 min • **Pour 4 personnes**

*2 œufs • 200 g de chocolat noir • 20 cl de crème fouettée
2 c. à c. de café moulu à expresso*

Pour la garniture : *20 cl de crème fraîche • 30 g de sucre glace*

- Séparez les blancs des jaunes. Râpez des copeaux de chocolat à l'aide d'un épluche-légumes. Réservez pour le décor. Cassez le reste du chocolat en morceaux.

- Faites chauffer la crème et ajoutez le café puis les morceaux de chocolat. Mélangez jusqu'à ce que le chocolat soit fondu et le mélange homogène. Ôtez du feu et incorporez les jaunes en fouettant. Laissez refroidir. Battez les blancs en neige et incorporez-les délicatement au chocolat. Répartissez la mousse dans des verrines.

- Montez la crème en chantilly et incorporez le sucre glace au fur et à mesure. Répartissez sur les mousses, puis placez au réfrigérateur pour 2 h au moins. Juste avant de servir, parsemez de copeaux de chocolat.

PANNA COTTA AUX FRUITS ROUGES

Préparation : 20 min • **Cuisson :** 5 min • **Pour 4 personnes**

2 feuilles de gélatine • 37,5 cl de crème fouettée
120 g de sucre en poudre • 1 goutte d'extrait de vanille
250 g de fruits rouges surgelés • 4,5 cl de vin blanc doux

- Faites trempez la gélatine dans un bol d'eau froide pendant 10 min. Essorez-la.

- Portez 7 cl d'eau à ébullition dans une casserole et faites-y fondre la gélatine.

- Chauffez la crème et 60 g de sucre dans une casserole à feu moyen et mélangez jusqu'à ce que le sucre soit dissous. Ôtez du feu.

- Incorporez l'extrait de vanille et la gélatine. Répartissez la préparation dans 4 verres individuels. Couvrez et réservez au frais jusqu'à ce que la crème soit prise, pendant 3 h environ.

- Mélangez les fruits rouges et le reste du sucre dans un saladier. Écrasez légèrement les fruits avec une cuillère. Incorporez le vin. Laissez reposer pendant 2 h à température ambiante en remuant souvent.

- Pour servir, versez le vin aux fruits rouges sur les pannacottas.

PETITS POTS DE CRÈME VANILLE-BANANE-CHOCOLAT

Préparation : 15 min • **Cuisson :** 12 min • **Pour 4 personnes**

50 cl de lait • 1 gousse de vanille • 50 g de farine
4 œufs • 125 g de sucre en poudre
100 g de chocolat noir de couverture • 2 bananes

- Mettez le lait dans une casserole. Fendez la gousse de vanille en 2 dans sa longueur, grattez l'intérieur au-dessus de la casserole pour faire tomber les graines, ajoutez la gousse dans le lait. Faites chauffer jusqu'à ébullition.

- Retirez la gousse du lait. Versez le lait dans le bol d'un robot. Ajoutez la farine, les œufs et le sucre puis mixez. Versez le mélange obtenu dans une casserole propre et faites cuire à feu doux pendant 8 min environ, en remuant sans cesse à l'aide d'une cuillère en bois, jusqu'à ce que la crème nappe la cuillère.

- Faites fondre le chocolat au bain-marie. Ajoutez-le à la moitié de la crème dans un saladier. Mélangez intimement.

- Pelez et coupez les bananes en rondelles. Répartissez-les dans les verrines contre la paroi. Remplissez à moitié les verrines de crème à la vanille. Ajoutez au milieu la crème au chocolat. Mélangez délicatement les crèmes de façon à dessiner des marbrures.

- Réservez au frais pendant 1 h au moins avant de servir.

RIZ AU LAIT DE COCO

Préparation: 5 min • **Cuisson:** 25 min • **Pour 4 personnes**

200 g de riz • 20 cl de lait de coco
70 g de sucre en poudre • 2 gouttes de colorant vert (facultatif)
100 g de framboises

- Rincez le riz à l'eau courante puis laissez-le tremper pendant 1 h dans de l'eau froide.

- Rincez le riz une seconde fois et laissez-le égoutter pendant 30 min.

- Faites cuire le riz à la vapeur pendant 25 min.

- Dès la fin de la cuisson, versez-le dans le lait de coco avec le sucre. Ajoutez éventuellement 2 gouttes de colorant vert.

- Mélangez à l'aide d'une cuillère et laissez reposer pendant 30 min.

- Servez avec des framboises.

RIZ AU LAIT GRATINÉ À LA PÊCHE

Préparation : 15 min • **Cuisson :** 45 min • **Pour 8 personnes**

2 c. à c. de gingembre en poudre • 1 pot de compote de pêches
50 g de riz à grains ronds • 50 cl de lait • 60 g de sucre en poudre
1 c. à s. de cassonade • beurre

- Mélangez le gingembre à la compote de pêches. Réservez au frais.

- Blanchissez le riz à l'eau bouillante pendant 2 min. Égouttez et rincez sous l'eau fraîche.

- Faites cuire le riz dans le lait à feu très doux pendant 35 min environ. Ajoutez le sucre, mélangez et poursuivez la cuisson pendant quelques minutes encore. Le lait doit être complètement absorbé. Laissez tiédir.

- Remplissez à moitié des ramequins avec la compote. Recouvrez de riz au lait. Saupoudrez de cassonade. Déposez 1 noisette de beurre.

- Mettez sous le gril du four de 1 à 2 min, juste le temps que la cassonade caramélise. Servez sans tarder.

SABAYON AUX CERISES

Préparation : 25 min • **Cuisson :** 10 min • **Pour 6 personnes**

4 jaunes d'œufs • 50 g de sucre en poudre
12 cl de marsala • 6 boules de glace vanille
6 c. à s. de cerises confites dénoyautées

- Placez les jaunes d'œufs et le sucre dans un saladier résistant à la chaleur et battez jusqu'à obtention d'un mélange léger et crémeux.

- Placez le saladier au bain-marie, dans une casserole d'eau portée à doux frémissements. Veillez à ce que le saladier ne soit pas en contact avec l'eau. Ajoutez le marsala et fouettez jusqu'à ce que la préparation commence à mousser. Augmentez le feu et continuez à battre jusqu'à ce que le mélange épaississe. Ôtez le saladier de la casserole et fouettez encore pendant 1 min.

- Placez une boule de glace vanille dans 6 grands verres, puis 1 c. à s. de cerises confites sur chaque boule. Répartissez le sabayon dans les verres et servez aussitôt.

SALADE DE FRUITS AUX ÉPICES

Préparation : 15 min • **Cuisson :** 15 min • **Pour 6 personnes**

*2 pommes • 2 oranges non traitées • 1 mangue
3 kiwis • 500 g de fraises*

Pour le sirop : *2 oranges non traitées • 1 citron
400 g de cassonade • 3 gousses de vanille • 6 clous de girofle
6 étoiles de badiane • 3 bâtonnets de cannelle*

- Préparez le sirop : prélevez le zeste des oranges. Pressez les oranges et le citron. Mettez la cassonade, 50 cl d'eau, le jus des agrumes, les gousses de vanille fendues en 2 dans la longueur et toutes les épices dans une casserole. Portez à ébullition et laissez mijoter à feu doux pendant 15 min. Laisser tiédir.

- Lavez, épluchez et coupez tous les fruits en morceaux. Ajoutez le sirop et réservez au frais pendant 1 h.

- Répartissez dans 6 verrines pour servir.

SORBET AU KIWI ET AU GINGEMBRE

Préparation : 15 min • **Cuisson :** aucune • **Pour 6 personnes**

8 kiwis • 100 g de sucre roux
1 c. à c. de gingembre en poudre • 1/4 de l d'eau

- Épluchez les kiwis, et gardez-en 1 intact pour servir. Coupez la chair des autres en dés, et mixez avec l'eau, puis le sucre et le gingembre en poudre.

- Passez au chinois.

- Versez dans une sorbetière et laissez prendre.

- Servez dans des verrines, quand la préparation est moelleuse, avec des tranches de kiwis frais au fond, recouvertes de sorbet.

SOUFFLÉ AU CHOCOLAT

Préparation : 25 min • **Cuisson :** 30 min • **Pour 6 personnes**

*4 œufs + 2 blancs d'œufs • 100 g de chocolat noir
2 c. à s. de rhum brun • 2 c. à s. de crème fraîche
2 c. à s. de sucre en poudre • 50 g de farine
20 g de beurre • 1 barre de chocolat noir • sel*

- Préchauffez le four à 200 °C.

- Séparez les blancs des jaunes d'œufs.

- Faites fondre le chocolat au bain-marie avec le rhum. Incorporez la crème fraîche, les jaunes d'œufs, le sucre et la farine. Mélangez bien. Retirez du feu.

- Montez les blancs en neige ferme avec 1 pincée de sel. Incorporez-les délicatement à la préparation au chocolat.

- Répartissez dans 6 verrines à feu beurrées et faites cuire au four pendant 20 min.

- Pendant ce temps, prélevez des copeaux de chocolat à l'aide d'un éplucheur-légumes sur la barre de chocolat noir.

- Juste avant de servir, décorez avec les copeaux de chocolat.

SOUPE D'ABRICOTS AUX KIWIS

Préparation : 15 min • **Cuisson :** aucune • **Pour 6 personnes**

*1 kg d'abricots bien mûrs • 50 cl de muscat
3 c. à s. de miel de lavande • 350 g de kiwis
1 c. à s. de sucre glace • le jus d'1/2 citron
feuilles de menthe pour le décor*

- Rincez les abricots, épongez-les et dénoyautez-les.

- Faites tiédir le muscat dans une petite casserole et délayez-y le miel. Ajoutez les abricots et mixez finement. Mettez au réfrigérateur pendant 1 h.

- Pelez les kiwis. Réservez 1 kiwi pour la décoration et mixez le reste avec le sucre glace et 1 c. à c. de jus de citron. Réservez au réfrigérateur.

- Au moment de servir, répartissez la soupe d'abricots dans 6 coupes. Versez une louche de coulis de kiwis dans chaque coupe avec un mouvement circulaire, de façon à obtenir un effet marbré.

- Tranchez le kiwi réservé. Décorez avec des feuilles de menthe et les tranches de kiwi.

SOUPE DE MELON AU GINGEMBRE

Préparation : 15 min • **Cuisson :** 10 min • **Pour 4 personnes**

1 citron vert non traité • 2 melons
1 branche de verveine fraîche • 40 cl de muscat de Beaumes-de-Venise
1 c. à c. de gingembre en lamelles • 1 gousse de vanille

- Prélevez le zeste du citron vert puis faites-le blanchir dans de l'eau bouillante pendant 1 min. Rafraîchissez-le et réservez.

- Coupez les melons en 2, épépinez-les. Coupez la chair en cubes et mettez-les dans un saladier. Ajoutez les feuilles de verveine et mélangez.

- Portez le muscat à ébullition dans une petite casserole et flambez pour éliminer l'alcool. Ajoutez le zeste du citron vert coupé en julienne, les lamelles de gingembre et la gousse de vanille fendue en 2 dans le sens de la longueur. Laissez mijoter pendant 5 min et versez sur les cubes de melon. Laissez refroidir puis réservez au réfrigérateur pendant 2 h.

- Servez très frais.

SOUPE GLACÉE AU PAMPLEMOUSSE ROSE

Préparation : 15 min • **Cuisson :** 5 min • **Pour 4 personnes**

*3 pamplemousses roses • 100 g de sucre • 10 capsules de cardamome
le zeste d'1 citron vert*

- Pelez à vif les pamplemousses avec un petit couteau très tranchant en recueillant le jus qui s'écoule.

- Placez les suprêmes et le jus recueilli dans un plat creux.

- Dans une casserole, portez à ébullition 10 cl d'eau avec le sucre, les capsules de cardamome et le zeste de citron.

- Arrêtez le feu, versez le sirop sur les morceaux de pamplemousse, couvrez et laissez refroidir.

- Après refroidissement complet, mettez au réfrigérateur et laissez macérer jusqu'au lendemain.

- Servez bien frais.

SUNDAY AUX FRUITS ROUGES

Préparation : 15 min • **Cuisson :** aucune • **Pour 4 personnes**

4 cookies au citron • 40 cl de glace au citron
4 cl de vodka • 200 g de fruits rouges mélangés

- Émiettez les cookies et répartissez-les dans 4 verres.
- Mettez 1 boule de glace au citron sur les cookies émiettés.
- Versez 1 trait de vodka sur la glace.
- Terminez par 1 couche de fruits rouges.
- Servez aussitôt.

TAPIOCA ET SA COMPOTÉE DE RHUBARBE

Préparation : 15 min • **Cuisson :** 30 min • **Pour 2 personnes**

Pour la compote : 250 g de rhubarbe • 75 g de sucre en poudre

Pour la crème de tapioca : 65 g de tapioca • 12 cl de lait de coco 60 g de sucre en poudre

- Pelez les tiges de rhubarbe et coupez-les en morceaux. Ajoutez le sucre et faites-les cuire dans une casserole pendant 10 min environ jusqu'à obtenir une compote. Réservez.

- Mélangez le tapioca, le lait de coco, le sucre et 25 cl d'eau dans une casserole. Faites cuire à feu moyen pendant 20 min environ, jusqu'à ce que les grains de tapioca soient moelleux et transparents.

- Répartissez le tapioca et la compote en couches superposées dans 2 verrines. Laissez tiédir et réservez au frais jusqu'au moment de servir.

TIRAMISU AU CAFÉ

Préparation : 35 min • **Cuisson :** aucune • **Pour 6 personnes**

1 œuf • 80 g de sucre en poudre • 250 g de mascarpone
6 brownies au chocolat • 12 biscuits à la cuillère • 5 cl de grappa
12 cl de café • cacao en poudre (facultatif) • 1 pincée de sel

- Séparez le blanc du jaune d'œuf. Battez le blanc en neige ferme avec le sel. Réservez au frais.

- Battez le jaune avec le sucre jusqu'à ce que le mélange devienne clair et mousseux. Incorporez délicatement le mascarpone et le blanc en neige.

- Émiettez les brownies. Réservez.

- Cassez les biscuits à la cuillère en 3. Ajoutez la grappa au café. Imbibez légèrement chaque biscuit de ce mélange et tapissez-en le fond de 6 verrines. Parsemez de brownies émiettés.

- Répartissez 1 couche de mélange au mascapone dans les verrines. Ajoutez 1 couche de biscuits imbibés, 1 couche de brownies, puis à nouveau 1 couche de mascarpone. Parsemez de brownies et saupoudrez éventuellement de cacao.

- Réservez au frais pendant 12 h au moins avant de servir.

TRIFLE À LA POIRE ET À LA BANANE

Préparation : 35 min • **Cuisson :** 3 min • **Pour 6 personnes**

Pour la mousse de poires : 20 cl de crème liquide
3 feuilles de gélatine • 3 poires • le jus d'1/2 citron
50 g de sucre en poudre • 1 c. à c. d'alcool de poire

Pour la crème de bananes : 20 cl de crème fleurette
1 c. à s. de lait • 3 bananes bien mûres
le jus d'1/2 citron • 1 c. à s. de sucre en poudre

Pour la chantilly : 10 cl de crème liquide • 2 c. à c. de sucre glace
vermicelles en sucre de couleur pour le décor

- Mousse de poires : réservez la crème pendant 15 min au congélateur. Faites tremper la gélatine dans un bol d'eau froide pendant 10 min. Épluchez les poires et coupez-les en morceaux grossiers. Citronnez-les et réservez-en 1/3. Mixez le reste avec le sucre et le jus de citron restant. Faites chauffer la moitié de cette purée pendant 3 min, incoporez la gélatine essorée et remuez jusqu'à sa dissolution. Mélangez au reste de purée, ajoutez la moitié des morceaux de poire réservés et l'alcool de poire. Laissez refroidir au frais. Montez la crème en chantilly. Incorporez-la délicatement aux poires mixées.

- Crème de bananes : montez la crème et le lait en chantilly. Épluchez les bananes et coupez-les en rondelles. Réservez les rondelles d'1 banane citronnées et écrasez les autres en purée. Arrosez du jus de citron restant et ajoutez le sucre. Mélangez le tout. Incorporez délicatement les rondelles réservées.

- Montez la crème et le sucre glace en chantilly. Servez en couche : banane et poire citronnées en morceaux, mousse de poires, crème de bananes et chantilly. Décorez avec les vermicelles en sucre.

TRIFLE AUX CERISES

Préparation : 30 min • **Cuisson :** 15 min • **Pour 4 personnes**

6 biscuits roses de Reims • 150 g de cerises • 90 g de sucre en poudre
25 cl de lait • 1 gousse de vanille
2 jaunes d'œufs • 20 cl de crème fraîche liquide entière

- Émiettez les biscuits roses de Reims. Réservez.

- Dénoyautez les cerises, ajoutez 30 g de sucre et mélangez bien. Réservez.

- Préparez la crème anglaise : chauffez le lait dans une casserole, à feu moyen. Ajoutez la gousse de vanille fendue dans le sens de la longueur. Portez doucement au point de frémissement pour que la vanille parfume le lait. Retirez du feu. Battez les jaunes d'œufs et le reste de sucre dans un saladier jusqu'à l'obtention d'un mélange clair et mousseux. Versez le lait chaud sur les jaunes et mélangez bien. Chauffez la préparation dans une casserole et laissez frémir doucement pendant 5 min, en remuant sans arrêt, jusqu'à ce qu'elle commence à épaissir et nappe le dos d'une cuillère. Ne laissez pas bouillir, sinon la crème tourne. Filtrez dans un pichet et jetez la gousse de vanille.

- Battez la crème fraîche en chantilly.

- Répartissez les biscuits roses de Reims dans 4 verrines. Ajoutez 1 couche de cerises, 1 couche de crème anglaise et terminez par la chantilly.

TRIFLE AUX FRAISES

Préparation : 30 min • **Cuisson :** aucune • **Pour 6 personnes**

4 œufs • 50 g de sucre • 250 g de mascarpone
800 g de fraises • 2 c. à c. de rhum • eau
24 biscuits à la cuiller • 6 brins de menthe fraîche

- Mélangez les jaunes d'œufs et le sucre jusqu'à ce que le mélange blanchisse. Ajoutez le mascarpone à la préparation et mélangez pour obtenir un mélange homogène. Battez les blancs en neige ferme et incorporez-les au mélange.

- Mixez 100 g de fraises pour faire un coulis, ajoutez le rhum et un peu d'eau. Réservez 6 biscuits.

- Faites tremper rapidement les autres biscuits dans le coulis de fraise et disposez-les au fond de 6 petites verrines. Répartissez la moitié de la crème, puis des morceaux de fraises, lavées et équeutées. Terminez par de la crème.

- Laissez au frais pendant 2 h. Décorez d'1 biscuit et d'1 brin de menthe.

TRIFLE AUX TROIS CHOCOLATS

Préparation : 40 min • **Cuisson :** 9 min • **Pour 6 personnes**

75 cl de crème fleurette • 100 g de chocolat noir + 1 barre
75 g de beurre • 100 g de chocolat à la noix de coco type Galak®
100 g de chocolat blanc • 1 c. à c. d'extrait de vanille

- Faites chauffer 25 cl de crème fleurette pendant 3 min, jusqu'à ébullition. Hors du feu, incorporez le chocolat noir coupé en morceaux. Fouettez jusqu'à dissolution complète. Ajoutez 25 g de beurre et remuez jusqu'à obtenir une crème onctueuse. Laissez tiédir.

- Faites de même avec le chocolat à la noix de coco.

- Procédez de la même façon avec le chocolat blanc, en ajoutant l'extrait de vanille.

- Dressez en couches dans 6 verrines : 1 couche de ganache au chocolat noir, 1 couche de chocolat blanc à la vanille, 1 couche de chocolat blanc à la noix de coco. Décorez de copeaux de chocolat faits à l'aide d'un épluche-légumes sur la barre de chocolat noir. Réservez au frais jusqu'au moment de servir.

VERRINE ACIDULÉE

Préparation : 20 min • **Cuisson :** 15 min • **Pour 2 personnes**

4 mandarines non traitées • 60 g de sucre en poudre
2 feuilles de gélatine • marmelade de fraises
100 g de yaourt à la grecque

- Prélevez le zeste d'1 mandarine. Taillez-le en filaments et mettez-les dans une casserole. Couvrez d'eau froide et portez à ébullition. Égouttez et rincez à l'eau fraîche. Remettez dans la casserole avec 10 cl d'eau et 30 g de sucre. Faites cuire à feu doux en remuant jusqu'à évaporation complète de l'eau. Réservez.

- Faites tremper la gélatine dans un bol d'eau froide pendant 10 min.

- Pelez les mandarines. Retirez toutes les peaux blanches. Coupez les quartiers en 2 et épépinez si nécessaire. Mettez-les dans une casserole et faites cuire avec le reste de sucre à feu doux pendant 10 min environ. Hors du feu, ajoutez les feuilles de gélatine et remuez jusqu'à dissolution complète. Laissez tiédir.

- Versez 1 couche de compotée de mandarine, 1 couche de yaourt et 1 couche de marmelade de fraises dans les verrines. Mélangez délicatement le yaourt et la marmelade. Déposez les zestes de mandarine par-dessus.

- Réservez au frais jusqu'au moment de servir.

VERRINE À LA RHUBARBE

Préparation : 35 min • **Cuisson :** 20 min • **Pour 6 personnes**

250 g de rhubarbe rouge • 65 g de sucre en poudre
150 g de mascarpone • 30 g de sucre glace
250 g de griottes au sirop • 5 cl de sirop à la cannelle

- Coupez les tiges de rhubarbe en tronçons. Portez 10 cl d'eau à ébullition avec le sucre en poudre dans une grande casserole. Ajoutez les morceaux de rhubarbe et laissez cuire à feu doux pendant 20 min. Laissez refroidir.

- Fouettez le mascarpone avec le sucre glace jusqu'à ce qu'il devienne mousseux.

- Mettez la moitié des griottes et la rhubarbe dans un blender. Mixez. Versez dans un saladier et incorporez le reste des griottes. Répartissez dans 6 verrines. Déposez 1 c. à s. de mousse de mascarpone et réservez au frais.

- Au moment de servir, nappez de sirop à la cannelle.

VERRINE AUX FRAMBOISES

Préparation : 25 min • **Cuisson :** 5 min • **Pour 4 personnes**

Pour le yaourt : 2 feuilles de gélatine
• 3 c. à s. de sirop de framboise • 150 g de framboises
1 yaourt nature à la grecque

Pour la gelée : 1 feuille de gélatine • 10 cl de sirop de framboise
1 c. à s. de liqueur de framboise (facultatif)

- Faites tremper les feuilles de gélatine dans un bol d'eau froide pendant 10 min.

- Faites chauffer le sirop de framboise. Hors du feu, incorporez les feuilles de gélatine essorées et remuez jusqu'à parfaite dissolution.

- Versez ce sirop dans un mixeur. Réservez quelques framboises. Ajoutez le reste des fruits et le yaourt. Mixez.

- Versez la préparation dans 4 verrines. Laissez prendre au réfrigérateur pendant 3 h au moins.

- Faites tremper la feuille de gélatine dans 1 bol d'eau froide pendant 10 min.

- Portez à ébullition 8,5 cl d'eau. Versez-la dans un bol. Ajoutez la gélatine essorée et remuez jusqu'à dissolution complète. Ajoutez le sirop et la liqueur de framboise (facultatif). Répartissez les framboises réservées sur le yaourt. Versez la gelée refroidie sur les framboises.

- Laissez prendre au réfrigérateur pendant 3 h au moins.

VERRINE AUX FRUITS ROUGES

Préparation : 25 min • **Cuisson :** 1 min • **Pour 4 personnes**

250 g de fraises des bois ou de mara des bois • le jus d'1 citron
100 g de sucre en poudre • 200 g de fromage blanc battu
2 feuilles de gélatine • 2 blancs d'œufs
feuilles de menthe pour le décor

- Rincez rapidement les fraises. Équeutez-les et mettez-les dans un saladier. Arrosez-les du jus de citron et incorporez 60 g de sucre. Couvrez d'un film alimentaire et laissez reposer au frais pendant 1 h au moins.

- Battez le fromage blanc au fouet, dans un saladier, jusqu'à ce qu'il soit mousseux. Incorporez le reste de sucre. Réservez au frais.

- Faites tremper la gélatine dans un bol d'eau froide pendant 10 min. Sortez les fraises du réfrigérateur. Prélevez 2 c. à s. de leur sirop et faites-le chauffer dans une casserole pendant 1 min. Incorporez la gélatine essorée et remuez jusqu'à dissolution complète. Prélevez la moitié des fraises à l'aide d'une écumoire. Mixez-les et incorporez la gélatine et les blancs d'œufs battus en neige ferme.

- Servez en couche dans des verrines : une couche de fraises au sirop, une couche de mousse de fromage blanc, une couche de mousse de fraises. Décorez de feuilles de menthe. Réservez au frais pendant au moins 3 h.

VERRINE AUX GRIOTTES ET À LA MENTHE

Préparation : 40 min • **Cuisson :** 15 min • **Pour 6 personnes**

1 pot de compote aux griottes style Confipote®
12 fruits rouges et 6 bonbons gélifiés pour le décor

Pour la crème à la menthe : 1 bouquet de menthe fraîche
50 cl de lait frais entier • 2 jaunes d'œufs
70 g de sucre en poudre • 50 g de Get 27®

Pour la crème au chocolat blanc : 100 g de chocolat blanc
100 g de crème fleurette entière • 1/2 feuille de gélatine

- Pour la crème à la menthe : faites infuser la menthe dans le lait froid pendant 1 h.

- Fouettez les jaunes d'œufs et le sucre jusqu'à obtenir un mélange clair et mousseux. Filtrez le lait et ajoutez-lui le Get 27®. Portez-le à ébullition, et versez-le sur le mélange jaunes-sucre en fouettant. Versez la préparation dans une casserole et faites cuire à feu doux jusqu'à ce qu'elle nappe la cuillère. Retirez du feu et laissez tiédir.

- Pour la crème au chocolat blanc : faites fondre le chocolat au bain-marie. Faites bouillir la crème. Incorporez la gélatine essorée et émulsionnez avec le chocolat. Montez la crème en chantilly et incorporez le mélange précédent.

- Servez en couches dans 6 verrines : crème à la menthe, compote aux griottes, crème au chocolat blanc.

- Décorez chaque verrine avec 2 fruits rouges et 1 bonbon gélifié.

VERRINE AUX MACARONS, À LA VANILLE ET À LA BANANE

Préparation : 30 min • **Cuisson :** 20 min • **Pour 4 personnes**

*10 cl de crème liquide • 2 c. à c. de sucre glace
2 bananes • romarin pour le décor*

*Pour les macarons : 2 blancs d'œufs • 1 pincée de sel
150 g de sucre glace • 60 g de poudre d'amandes
1 c. à c. de crème de banane*

*Pour la crème à la vanille : 3 jaunes d'œufs • 75 g de sucre en poudre
1 c. à c. d'extrait de vanille • 35 cl de lait*

- Préchauffez le four à 150 °C.

- Préparez les macarons : montez les blancs en neige ferme avec le sel. Mélangez le sucre glace, la poudre d'amande et la crème de banane. Incorporez délicatement le mélange aux blancs en neige. Formez des petits tas sur une plaque à four antiadhésive. Faites cuire au four pendant 15 min.

- Préparez la crème à la vanille : fouettez les jaunes d'œufs et le sucre dans un saladier jusqu'à obtention d'un mélange clair et mousseux. Ajoutez l'extrait de vanille et versez le lait tiède sur les jaunes, toujours en fouettant. Transvasez la préparation dans une casserole puis faites chauffer et laissez frémir à feu doux pendant 5 min, en remuant sans arrêt, jusqu'à ce qu'elle nappe le dos de la cuillère. Laissez refroidir.

- Montez la crème en chantilly en incorporant le sucre glace. Répartissez les bananes coupées en rondelles dans 4 coupes. Nappez de crème à la vanille et surmontez d'un nuage de chantilly. Réservez au frais. Au moment de servir, ajoutez les macarons et décorez d'un brin de romarin.

VERRINE DE GELÉE DE FRUITS ROUGES

Préparation : 15 min • **Cuisson :** 4 min • **Pour 8 personnes**

4 feuilles de gélatine • 10 cl de sirop de framboise
1 c. à s. de liqueur de framboise • 10 cl de sirop de myrtille
1 c. à s. de liqueur de myrtille • 20 cl de crème fraîche
100 g de framboises • 100 g de myrtilles

- Faites tremper 2 feuilles de gélatine dans 1 bol d'eau froide pendant 10 min.

- Portez à ébullition 8,5 cl d'eau. Versez-la dans un bol. Ajoutez la gélatine ramollie et remuez jusqu'à dissolution complète des feuilles. Ajoutez le sirop et la liqueur de framboise. Versez dans 4 verres à vodka.

- Procédez de même pour préparer la gelée de myrtille, en utilisant le sirop et la liqueur de myrtille.

- Laissez prendre au réfrigérateur pendant 2 h au moins.

- Au moment de servir, ajoutez 1 c. à c. de crème fraîche dans chaque verrine, quelques framboises sur les verrines de gelée de framboise et quelques myrtilles sur les verrines de gelée de myrtille.

VERRINE DE PAIN D'ÉPICE À L'ORANGE ET AU PAVOT

Préparation : 20 min • **Cuisson :** aucune • **Pour 4 personnes**

4 grosses oranges • 8 tranches de pain d'épice • 4 œufs
50 g de sucre en poudre • 250 g de mascarpone
1 c. à s. de graines de pavot

- Pelez les oranges à vif et détaillez-les en quartiers.

- Émiettez grossièrement les tranches de pain d'épice.

- Séparez les blancs des jaunes d'œufs. Dans un saladier, battez les jaunes et le sucre jusqu'à ce que le mélange blanchisse.

- Ajoutez le mascarpone et les graines de pavot tout en continuant à mélanger, jusqu'à obtention d'une crème homogène.

- Battez les blancs en neige et incorporez-les au mélange.

- Répartissez le pain d'épice au fond des coupes. Ajoutez une première couche de crème, ajoutez les quartiers d'orange et terminez avec le reste de la crème.

- Réservez pendant 1 h au réfrigérateur avant de servir.

VERRINE DE YAOURT AU COQUELICOT

Préparation : 10 min • **Cuisson :** aucune • **Pour 4 personnes**

6 sablés type petit-beurre • 4 c. à c. de confiture de fraises
2 yaourts nature • 4 c. à s. de sirop de coquelicot

- Mixez finement les sablés et répartissez-les dans 4 petites verrines.

- Ajoutez 1 c. à c. de confiture de fraises dans chaque verrine.

- Mélangez grossièrement les yaourts et le sirop de coquelicot.

- Répartissez ce mélange dans les verrines et servez bien frais.

VERRINE FAÇON PÊCHE MELBA

Préparation : 30 min • **Cuisson :** 20 min • **Pour 6 personnes**

6 pêches blanches

Pour le sirop : 1,5 kg de sucre en poudre
1 gousse de vanille • *20 cl de crème liquide entière*
40 g de sucre glace • *30 g d'amandes effilées*

Pour le coulis de framboises : 500 g de framboises
150 g de groseilles • *200 g de sucre en poudre* • *le jus d'1 citron*

- Plongez les pêches dans de l'eau bouillante, puis refroidissez-les aussitôt dans une bassine d'eau glacée. Pelez-les, coupez-les en 2 et dénoyautez-les.

- Préparez le sirop : mettez 2 l d'eau, le sucre en poudre et la gousse de vanille fendue en 2 dans le sens de la longueur dans un fait-tout. Portez à ébullition, puis laissez frémir à feu doux. Plongez les pêches dans le sirop, et laissez cuire à feu très doux pendant 20 min environ. Retirez les pêches et couvrez-les.

- Montez la crème liquide en chantilly en incorporant le sucre glace.

- Dans le bol du mixeur, réunissez les framboises, les groseilles, 10 cl d'eau minérale, le sucre et le jus de citron. Réduisez le tout en une fine purée, filtrez ce coulis et réservez.

- Servez dans 6 verrines en alternant les couches : pêches au sirop, coulis de fruits, chantilly. Parsemez d'amandes effilées. Réservez au frais jusqu'au moment de servir.

Table des matières

verrines salées

avocat au surimi à l'antillaise	4
compotée de poivrons et de tomates à l'aigre-doux	6
compotée de ratatouille	8
crème de chou-fleur	10
crème de fèves et de choux, minibrochettes	12
duo de sardines et d'avocats	14
fenouil au pamplemousse	16
fèves au chorizo	18
gaspacho de tomates et de poivrons à la feta	20
harira	22
lassi aux petits pois	24
lassi de carotte et d'orange	26
milk-shake vert de printemps	28
mousse de fèves au gingembre	30
mousse de pois cassés au jambon croustillant	32
pesto de tomate séchée	34
poivronade	36
potage de légumes verts	38
potage glacé au concombre	40
rillettes de truite fumée	42
salade d'avocat au kiwi	44
salade de betteraves sucrées-salées	46
salade de brocolis au jambon sec	48
salade de pâtes au poulet, tomates et câpres	50
salade d'oranges aux oignons rouges	52
smoothie glacé de concombre et d'avocat	54
soufflés au fromage	56
soupe glacée à la tomate	58
soupe glacée de melon au jambon grillé	60
soupe glacée de petits pois à la menthe	62
taboulé épicé aux courgettes et aux tomates	64
tapenade aux olives	66
tartare d'avocats et de tomates au cumin	68
tartare de saint-jacques à l'ananas	70
tartinade de maquereau	72
timbales de coquillettes aux crevettes	74
tzatziki aux dés de tomate	76
velouté de carottes	78
velouté de chou rouge à la pomme	80
velouté de courgettes	82
velouté tomates fraises	84
verrine de fèves au safran	86
verrine de melon et de pastèque à la feta	88
verrine de saumon mariné et crevettes	90
verrine fraîche estivale	92
verrine mousseuse au concombre	94
verrine parmentière à la truffe noire	96
vichyssoise glacée	98

verrines sucrées

affogato au café	102
cocktail lacté à la guimauve	104
coupe mousseuse au cassis	106
crème à la mandarine	108
crème au chocolat blanc et aux fraises	110
crème au chocolat et aux marshmallows	112
crème aux œufs à la confiture de reines-claudes	114
crème d'amandes sur caramel d'agrumes	116
crumble aux fraises	118
diplomate aux fruits rouges en verrine	120
écume au thé vert	122
émulsion aux groseilles	124
forêt-noire	126
gelée aux pêches et aux biscuits roses de reims	128
gelée de fruits acidulée	130
gelée de grenade	132
glace fruits de la passion	134
lassi au melon et à l'abricot	136
liégeois de mousse de mangue au mascarpone	138
mousse à la mangue	140
mousse au chocolat	142
mousse au citron	144
mousse aux deux chocolats	146
mousse cappuccino	148
panna cotta aux fruits rouges	150
petits pots de crème vanille–banane–chocolat	152
riz au lait de coco	154
riz au lait gratiné à la pêche	156
sabayon aux cerises	158
salade de fruits aux épices	160
sorbet au kiwi et au gingembre	162
soufflé au chocolat	164
soupe d'abricots aux kiwis	166
soupe de melon au gingembre	168
soupe glacée au pamplemousse rose	170
sunday aux fruits rouges	172
tapioca et sa compotée de rhubarbe	174
tiramisu au café	176
trifle à la poire et à la banane	178
trifle aux cerises	180
trifle aux fraises	182
trifle aux trois chocolats	184
verrine acidulée	186
verrine à la rhubarbe	188
verrine aux framboises	190
verrine aux fruits rouges	192
verrine aux griottes et à la menthe	194
verrine aux macarons, à la vanille et à la banane	196
verrine de gelée de fruits rouges	198
verrine de pain d'épice à l'orange et au pavot	200
verrine de yaourt au coquelicot	202
verrine façon pêche melba	204

Index

abricot
lassi au melon et à l'abricot — 136
soupe d'abricots aux kiwis — 166

ail
avocat au surimi à l'antillaise — 4
pesto de tomate séchée — 34
potage de légumes verts — 38
soupe glacée à la tomate — 58
tartinade de maquereau — 72
verrine parmentière
à la truffe noire — 96

agneau
harira — 22

amande
crème d'amandes
sur caramel d'agrumes — 116
salade de betteraves
sucrées-salées — 46
taboulé épicé aux courgettes
et aux tomates — 64
verrine aux macarons,
à la vanille et à la banane — 196
verrine façon pêche melba — 204

ananas
tartare de saint-jacques
à l'ananas — 70

anchois
tapenade aux olives — 66

asperge
soupe glacée à la tomate — 58

aubergine
compotée de ratatouille — 8

avocat
avocat au surimi à l'antillaise — 4
duo de sardines et d'avocats — 14
milk-shake vert de printemps — 28
salade d'avocat au kiwi — 44
smoothie glacé de concombre
et d'avocat — 54
tartare d'avocats
et de tomates au cumin — 68
verrine fraîche estivale — 92

badiane (étoile de)
salade de fruits aux épices — 160

banane
petits pots de crème
vanille–banane–chocolat — 152
trifle à la poire et à la banane — 178
verrine aux macarons,
à la vanille et à la banane — 196

basilic
pesto de tomate séchée — 34
poivronade — 36

betterave
salade de betteraves
sucrées-salées — 46

biscuit rose de reims
gelée aux pêches et
aux biscuits roses de reims — 128
trifle aux cerises — 180

brocoli
salade de brocolis au jambon sec — 48

café
affogato au café — 102
mousse cappuccino — 148

cannelle
salade de fruits aux épices — 160
verrine à la rhubarbe — 188

câpre
compotée de ratatouille — 8
salade de pâtes au poulet,
tomates et câpres — 50
tapenade aux olives — 66

cardamome
- soupe glacée au pamplemousse rose — 170

carotte
- lassi de carotte et d'orange — 26
- timbales de coquillettes aux crevettes — 74
- velouté de carottes — 78
- verrine fraîche estivale — 92

cassis
- coupe mousseuse au cassis — 106

céleri
- compotée de ratatouille — 8
- verrine fraîche estivale — 92
- vichyssoise glacée — 98

cerise
- forêt-noire — 126
- sabayon aux cerises — 158
- trifle aux cerises — 180
- verrine à la rhubarbe — 188
- verrine aux griottes et à la menthe — 194

chocolat
- crème au chocolat blanc et aux fraises — 110
- crème au chocolat et aux marshmallows — 112
- forêt-noire — 126
- mousse cappuccino — 148
- mousse au chocolat — 142
- mousse aux deux chocolats — 146
- petits pots de crème vanille–banane–chocolat — 152
- soufflé au chocolat — 164
- trifle aux trois chocolats — 184
- verrine aux griottes et à la menthe — 194

chorizo
- fèves au chorizo — 18

chou-fleur
- crème de chou-fleur — 10

chou de bruxelles
- crème de fèves et de choux, minibrochettes — 12

chou rouge
- velouté de chou rouge à la pomme — 80

ciboulette
- compotée de poivrons et de tomates à l'aigre-doux — 6

citron
- avocat au surimi à l'antillaise — 4
- glace fruits de la passion — 134
- milk-shake vert de printemps — 28
- mousse au citron — 144
- salade de fruits aux épices — 160
- soupe de melon au gingembre — 168
- soupe glacée au pamplemousse rose — 170

concombre
- milk-shake vert de printemps — 28
- potage glacé au concombre — 40
- salade d'avocat au kiwi — 44
- smoothie glacé de concombre et d'avocat — 54
- tzatziki aux dés de tomate — 76
- verrine fraîche estivale — 92
- verrine mousseuse au concombre — 94

coquelicot (sirop de)
- verrine de yaourt au coquelicot — 202

coriandre
- harira — 22
- potage glacé au concombre — 40

tartinade de maquereau	72
timbales de coquillettes aux crevettes	74
velouté de carottes	78

cornichon
compotée de poivrons et de tomates à l'aigre-doux	6

courgette
potage de légumes verts	38
taboulé épicé aux courgettes et aux tomates	64
velouté de courgettes	82
verrine fraîche estivale	92

couscous
taboulé épicé aux courgettes et aux tomates	64

crevette
potage glacé au concombre	40
timbales de coquillettes aux crevettes	74
verrine de saumon mariné et crevettes	90

cumin
harira	22
poivronade	36
taboulé épicé aux courgettes et aux tomates	64
tartare d'avocats et de tomates au cumin	68

curmuma
crème de fèves et de choux, minibrochettes	12

échalote
duo de sardines et d'avocats	14
tartare d'avocats et de tomates au cumin	68
tartinade de maquereau	72

fenouil
fenouil au pamplemousse	16

feta
gaspacho de tomates et de poivrons à la feta	20
verrine de melon et de pastèque à la feta	88

fève
crème de fèves et de choux, minibrochettes	12
fèves au chorizo	18
mousse de fèves au gingembre	30
potage de légumes verts	38
verrine de fèves au safran	86

figue
salade de brocolis au jambon sec	48

fraise
crème au chocolat blanc et aux fraises	110
crumble aux fraises	118
salade de fruits aux épices	160
trifle aux fraises	182
velouté tomates fraises	84
verrine acidulée	186
verrine aux fruits rouges	192
verrine de yaourt au coquelicot	202

framboise
verrine aux framboises	190
verrine de gelée de fruits rouges	198
verrine façon pêche melba	204

fromage blanc
gelée de grenade	132
rillettes de truite fumée	42
timbales de coquillettes aux crevettes	74
verrine aux fruits rouges	192

fromage de chèvre
velouté de courgettes	82
verrine fraîche estivale	92

fromage fondant
verrine mousseuse au concombre — 94

fromage râpé
soufflés au fromage — 56

fruit au sirop
gelée de fruits acidulée — 130

fruit de la passion
glace fruits de la passion — 134
verrine de saumon mariné et crevettes — 90

fruit rouge
diplomate aux fruits rouges en verrine — 120
panna cotta aux fruits rouges — 150
sunday aux fruits rouges — 172

gingembre
mousse de fèves au gingembre — 30
sorbet au kiwi et au gingembre — 162
soupe de melon au gingembre — 168

grenade
gelée de grenade — 132

groseille
émulsion aux groseilles — 124
verrine façon pêche melba — 204

guimauve
cocktail lacté à la guimauve — 104

haricot vert
potage de légumes verts — 38

jambon
mousse de pois cassés au jambon croustillant — 32
salade de brocolis au jambon sec — 48
soupe glacée de melon au jambon grillé — 60

kiwi
salade d'avocat au kiwi — 44
salade de fruits aux épices — 160
sorbet au kiwi et au gingembre — 162
soupe d'abricots aux kiwis — 166

lait de coco
riz au lait de coco — 154

lardon
fèves au chorizo — 18

laurier
fèves au chorizo — 18

lentille
harira — 22

mandarine
crème à la mandarine — 108
verrine acidulée — 186

mangue
liégeois de mousse de mangue au mascarpone — 138
mousse à la mangue — 140
salade de fruits aux épices — 160

maquereau
tartinade de maquereau — 72

marshmallow
crème au chocolat et aux marshmallows — 112

mascarpone
forêt-noire — 126
liégeois de mousse de mangue au mascarpone — 138
tiramisu au café — 176
trifle aux fraises — 182
verrine à la rhubarbe — 188
verrine de pain d'épice à l'orange et au pavot — 200

melon
- lassi au melon et à l'abricot — 136
- soupe de melon au gingembre — 168
- soupe glacée de melon au jambon grillé — 60
- verrine de melon et de pastèque à la feta — 88

menthe
- lassi aux petits pois — 24
- milk-shake vert de printemps — 28
- soupe glacée de petits pois à la menthe — 62
- taboulé épicé aux courgettes et aux tomates — 64
- verrine aux griottes et à la menthe — 194
- verrine de melon et de pastèque à la feta — 88

miel
- fenouil au pamplemousse — 16
- salade d'oranges aux oignons rouges — 52
- soupe d'abricots aux kiwis — 166

myrtille
- verrine de gelée de fruits rouges — 198

noix de muscade
- crème de chou-fleur — 10
- vichyssoise glacée — 98

oignon
- compotée de poivrons et de tomates à l'aigre-doux — 6
- compotée de ratatouille — 8
- crème de chou-fleur — 10
- fenouil au pamplemousse — 16
- fèves au chorizo — 18
- poivronade — 36
- potage glacé au concombre — 40
- salade d'oranges aux oignons rouges — 52

olive
- compotée de ratatouille — 8
- tapenade aux olives — 66

orange
- crème d'amandes sur caramel d'agrumes — 116
- lassi de carotte et d'orange — 26
- salade de betteraves sucrées-salées — 46
- salade de fruits aux épices — 160
- salade d'oranges aux oignons rouges — 52
- verrine de pain d'épice à l'orange et au pavot — 200

pain
- compotée de poivrons et de tomates à l'aigre-doux — 6
- gaspacho de tomates et de poivrons à la feta — 20

pain d'épice
- verrine de pain d'épice à l'orange et au pavot — 200

pamplemousse
- fenouil au pamplemousse — 16
- salade de betteraves sucrées-salées — 46
- soupe glacée au pamplemousse rose — 170

paprika
- potage glacé au concombre — 40

parmesan
- crème de chou-fleur — 10
- pesto de tomate séchée — 34
- velouté de courgettes — 82

pastèque
- verrine de melon et de pastèque à la feta — 88

pâtes
salade de pâtes au poulet,
   tomates et câpres — 50
timbales de coquillettes
   aux crevettes — 74

pavot (graine de)
verrine de pain d'épice
   à l'orange et au pavot — 200

pêche
gelée aux pêches
   et aux biscuits roses de reims — 128
riz au lait gratiné à la pêche — 156
verrine façon pêche melba — 204

persil
potage de légumes verts — 38
rillettes de truite fumée — 42
tartinade de maquereau — 72

petit pois
lassi aux petits pois — 24
soupe glacée de petits pois
   à la menthe — 62

pignon de pin
compotée de ratatouille — 8
pesto de tomate séchée — 34

piment
avocat au surimi à l'antillaise — 4

poire
trifle à la poire et à la banane — 178

poireau
crème de chou-fleur — 10
verrine parmentière
   à la truffe noire — 96
vichyssoise glacée — 98

pois cassé
mousse de pois cassés
   au jambon croustillant — 32

pois chiche
harira — 22

poivron
compotée de poivrons
   et de tomates à l'aigre-doux — 6
compotée de ratatouille — 8
gaspacho de tomates
   et de poivrons à la feta — 20
poivronade — 36

pomme
salade de fruits aux épices — 160
velouté de chou rouge
   à la pomme — 80

pomme de terre
verrine parmentière
   à la truffe noire — 96
vichyssoise glacée — 98

poulet
crème de fèves et de choux,
   minibrochettes — 12
salade de pâtes au poulet,
   tomates et câpres — 50

reine-claude
crème aux œufs à la confiture
   de reines-claudes — 114

rhubarbe
riz au lait de coco — 154
tapioca et sa compotée
   de rhubarbe — 174
verrine à la rhubarbe — 188

riz
harira — 22
riz au lait gratiné à la pêche — 156

roquette
milk-shake vert de printemps — 28

romarin
fenouil au pamplemousse — 16

safran
  verrine de fèves au safran — 86

saint-jacques (noix de)
  tartare de saint-jacques
    à l'ananas — 70

sardine
  duo de sardines et d'avocats — 14

saumon
  verrine de saumon mariné
    et crevettes — 90

surimi
  avocat au surimi à l'antillaise — 4

tapioca
  tapioca et sa compotée
    de rhubarbe — 174

thé
  écume au thé vert — 122

thym
  velouté de carottes — 78

tomate
  compotée de poivrons
    et de tomates à l'aigre-doux — 6
  compotée de ratatouille — 8
  gaspacho de tomates
    et de poivrons à la feta — 20
  harira — 22
  pesto de tomate séchée — 34
  potage glacé au concombre — 40
  salade de pâtes au poulet,
    tomates et câpres — 50
  soupe glacée à la tomate — 58
  taboulé épicé aux courgettes
    et aux tomates — 64
  tartare d'avocats
    et de tomates au cumin — 68
  tzatziki aux dés de tomate — 76
  velouté tomates fraises — 84
  verrine fraîche estivale — 92

truffe
  verrine parmentière
    à la truffe noire — 96

truite
  rillettes de truite fumée — 42

vanille
  crème d'amandes
    sur caramel d'agrumes — 116
  crumble aux fraises — 118
  liégeois de mousse
    de mangue au mascarpone — 138
  mousse au citron — 144
  panna cotta aux fruits rouges — 150
  petits pots de crème
    vanille-banane-chocolat — 152
  salade de fruits aux épices — 160
  soupe de melon au gingembre — 168
  trifle aux cerises — 180
  trifle aux trois chocolats — 184
  verrine aux macarons,
    à la vanille et à la banane — 196
  verrine façon pêche melba — 204

verveine
  soupe de melon au gingembre — 168

yaourt
  gelée aux pêches et
    aux biscuits roses de reims — 128
  lassi aux petits pois — 24
  lassi de carotte et d'orange — 26
  milk-shake vert de printemps — 28
  tzatziki aux dés de tomate — 76
  verrine acidulée — 186
  verrine aux framboises — 190
  verrine de yaourt au coquelicot — 202

Crédits photographiques

Toutes les photographies de cet ouvrage proviennent de l'agence Orédia, sauf :
- Cooklook : 4ᵉ de couverture (droite), p. 5, 7, 15, 17, 29, 31, 33, 37, 39, 47, 49, 53, 67, 69, 77, 79, 93, 105, 117, 127, 139, 161, 167, 169, 171, 215.
- Istock : p. 186, 197.
- Fotolia : p. 195.

Dans la collection
Gourmandises en série

Apéritifs dînatoires
Cakes, tartes & cⁱᵉ
Cocktails
Cuisine économique
Cuisine facile
Cuisine légère
Cuisine rapide
Desserts
Plats uniques

Conçu et réalisé par Copyright pour les Éditions Solar
Collaboration rédactionnelle : Anne-Laure Estèves
Coordination éditoriale : Audrey Busson
Création graphique : Marina Delranc et Joséphine Cormier
Mise en pages : Richard Bitteur
Photogravure : Frédéric Bar
Fabrication : Stéphanie Parlange et Cédric Delsart

© 2011, Éditions Solar,
un département de place des éditeurs
ISBN : 978-2-263-05357-3
Code éditeur : S05357
Dépôt légal : mars 2011

Achevé d'imprimer en décembre 2010
Imprimé en Chine